CRISE E PENSAMENTO CRÍTICO

SERVIÇO SOCIAL DO COMÉRCIO
Administração Regional no Estado de São Paulo

Presidente do Conselho Regional
Abram Szajman

Diretor Regional
Danilo Santos de Miranda

Conselho Editorial
Ivan Giannini
Joel Naimayer Padula
Luiz Deoclécio Massaro Galina
Sérgio José Battistelli

Edições Sesc São Paulo
Gerente Iã Paulo Ribeiro
Gerente adjunta Isabel M. M. Alexandre
Coordenação editorial Clívia Ramiro, Cristianne Lameirinha, Francis Manzoni, Jefferson Alves de Lima
Produção editorial Antonio Carlos Vilela
Coordenação gráfica Katia Verissimo
Produção gráfica Fabio Pinotti, Ricardo Kawazu
Coordenação de comunicação Bruna Zarnoviec Daniel

Shirlei Torres Perez

CRISE E PENSAMENTO CRÍTICO

o teatro em comunicação com o público

Agradecimentos

Ao Sesc São Paulo e à MIT – Mostra Internacional de Teatro de São Paulo.
A todas as pessoas que incentivaram este trabalho e colaboraram para sua realização.
Vocês foram imprescindíveis, obrigada.

© Shirlei Torres Perez, 2022
© Edições Sesc São Paulo, 2022
Todos os direitos reservados

Preparação Silvana Cobucci
Revisão Sílvia Balderama Nara, Lígia Gurgel
Projeto gráfico, capa e diagramação Estúdio Claraboia

Dados Internacionais de Catalogação na Publicação (CIP)

P4152c   Perez, Shirlei Torres

Crise e pensamento crítico: o teatro em comunicação com o público / Shirlei Torres Perez. – São Paulo: Edições Sesc São Paulo, 2022. – 144 p. il.: fotografias.

Bibliografia
ISBN: 978-65-86111-67-5

1. Teatro. 2. Artes cênicas. 3. Crítica. 4. Público. 5. Pensamento crítico. 6. Comunicação. 7. Crise. Título.

CDD 792

Ficha catalográfica elaborada por Maria Delcina Feitosa CRB/8-6187

Edições Sesc São Paulo
Rua Serra da Bocaina, 570 – 11º andar
03174-000 – São Paulo SP Brasil
Tel: 55 11 2607-9400
edicoes@sescsp.org.br
sescsp.org.br/edicoes
 /edicoessescsp

SUMÁRIO

6. **APRESENTAÇÃO**
DANILO SANTOS DE MIRANDA

8. **PREFÁCIO: CRISE COMO MOVIMENTO, TEMPO COMO PULSAÇÃO**
CHRISTINE GREINER

11. **INTRODUÇÃO**

17. **CRÍTICA COMO PENSAMENTO DE CRISE**
23. Crítica e teatro – entre o valor e a crise
26. Do texto como centro ao foco na encenação
28. Novos contextos e reconfigurações no século XX
31. Depois da modernidade e o deslocamento do espectador
33. Novos paradigmas possíveis
36. Uma crise da crítica?
38. A noção de crise

44. **UM OLHAR DE CRISE PARA O TEATRO**
47. Espetáculo como mediação e como interação
49. Os eixos comunicativos
50. Deslocamentos radicais e inversões das lógicas usuais
53. Geração de imagens desestabilizadoras
55. A espacialidade e os embates da presença

59. **VIVÊNCIAS COMUNICATIVAS: TESTANDO ESCRITAS DO OUTRO**

63. O ESTRANGEIRO E O ÍNTIMO: O COTIDIANO COMO INVIABILIDADE
65. *Braakland: terra esquecida*
68. *Os efêmeros*
72. *Isso te interessa?*

77. A (IM)POSSIBILIDADE DE CONTAR E A (IN)CAPACIDADE DE PERCEBER
79. *Manifiesto de niños*
83. *Jogos de cartas*
87. *Arquivo*

90. DO ENFRENTAMENTO E DA RECUSA – CONSTRUÇÕES SOBRE O INEXORÁVEL (OU, DA DECADÊNCIA E DA CATÁSTROFE)
92. *Sobre o conceito de rosto no Filho de Deus*
96. *A velha*
99. *Grande sertão: veredas*

103. **AO FIM E ADIANTE**

106. **REFERÊNCIAS BIBLIOGRÁFICAS**

110. **SOBRE A AUTORA**

111. **CRÉDITOS DAS FOTOGRAFIAS**

112. **ARTISTAS EM CENA**

114. **IMAGENS**

APRESENTAÇÃO

Ao conjugar instâncias como análise de contexto, curadoria, mediação e difusão, a ação cultural contribui com a partilha de sentidos na relação entre obra e público. Por sua vez, a crítica de arte que aborda os aspectos socioculturais e históricos da obra – e não busca somente valorá-la esteticamente – constitui exercício que contribui para sua percepção contextualizada. Assim, em um projeto de cultura que se ampara no pensamento a fim de colaborar com a construção de conhecimento em um mundo em crise, a crítica se anuncia como aliada de primeira ordem.

A autora Shirlei Torres Perez constrói os alicerces de seu *Crise e pensamento crítico: o teatro em comunicação com o público* a partir de agenciamentos entre a crítica de arte atual – especificamente aquela voltada ao teatro –, a reflexão crítica e a ação cultural. Fruto de sua tese de doutorado, o livro oferece um trajeto que desaguará na proposição de novas possibilidades comunicativas entre obras teatrais e públicos, possibilidades capazes de engendrar outros modos de apreensão da cena.

Em seu itinerário, precedendo a seção na qual se dedica à análise de espetáculos relevantes para o reconhecimento de nossos atuais impasses e no desenvolvimento de conhecimentos acerca do mundo, a autora traça um panorama histórico dos diálogos entre poética e crítica teatrais, chegando ao presente momento, em que a segunda encontra desafios (e oportunidades) para se renovar. Na mesma esteira, articula conceitos de autores contemporâneos que se mobilizam em torno do tema da crise, delegando a esse tipo de aproximação um papel central na concepção de interpretações.

Desse modo, fundamentada em bases histórico-conceituais, estrutura três "eixos comunicativos" para investigar a cena tal qual um processo de tradução do mundo, em que a relação entre tempo e espaço se faz determinante para o encontro do espectador e da obra. Esses eixos, que servem de subsídio para a análise de obras brasileiras e de outros países que ocuparam diferentes espaços, são nomeados "Deslocamentos radicais e inversões das lógicas usuais", "Geração de imagens desestabilizadoras" e "A espacialidade e os embates de presença".

Ao identificar o contexto em crise com o qual a crítica de arte se articula, a autora sugere diferentes arranjos em um circuito que, possivelmente, catalisarão olhares renovados para a cena e questionadores para o mundo. Assim, ao aliar-se a outras iniciativas da instituição – que incluem a coleção *Críticas*, também das Edições Sesc –, este livro intensifica a luz que é lançada à ação cultural e seu papel na formação de espectadores sensíveis às suas realidades, às tensões que caracterizam seu presente e a novos horizontes possíveis.

DANILO SANTOS DE MIRANDA
Diretor do Sesc São Paulo

CRISE COMO MOVIMENTO, TEMPO COMO PULSAÇÃO

Um dos temas controversos das últimas décadas tem sido a crítica de arte ou, de forma mais abrangente, o pensamento crítico.

Intelectuais, jornalistas e artistas denunciam o fim ou o esgotamento da crítica, pensando principalmente no contexto do jornalismo cultural e na redução de espaço na grande imprensa para as críticas ligadas sobretudo ao teatro e à dança.

Por outro lado, estudiosos e defensores das redes sociais chamam a atenção para a descentralização das vozes que pouco a pouco se deslocaram da soberania dos atos de fala dos críticos profissionais de arte, ampliando-se para todos os que desejam expressar suas opiniões e reflexões na rede. Um movimento que, para o bem e para o mal, tem sido fortalecido a olhos vistos.

Há também outros modos de lidar com o tema. Alguns artistas e teóricos da arte reconhecem nas próprias obras um pensamento crítico relevante que, distante dos juízos de valor, transforma seus processos de criação em reflexões sobre as questões mais importantes.

No âmbito da filosofia e da sociologia, os debates também se mostram bastante aquecidos – uma vez mais, sem unanimidade –, evocando a importância do pensamento crítico como parte fundamental de ações políticas que não se restringem a partidos políticos ou instituições, mas dizem respeito antes de tudo às políticas da vida. Tais debates identificam redes nem sempre visíveis que afetam as políticas da vida e as diferenciam do que se costuma chamar de políticas *sobre* a vida.

Diante desse cenário complexo e plural, este livro traz uma grande contribuição para todos os que sentem necessidade de refletir sobre o que é um pensamento crítico, como ele se constitui e de que maneira está sempre associado a algum tipo de crise.

Escrito por Shirlei Torres Perez, originalmente como uma tese de doutorado intitulada *Crise e pensamento crítico: sobre crítica teatral e suas ações biopolíticas*, o texto lida com pontos centrais para a discussão. Assim, além de reunir autores que analisam a questão da crise e da crítica, a própria autora escreve algumas críticas teatrais sobre obras que já trazem em si reflexões fundamentais, colapsando a dicotomia entre teoria e prática.

Assim, sua crítica atua, a meu ver, como uma espécie de dramaturgia que explicita nexos de sentido nas obras em relação aos ambientes por onde transitam.

Como a autora tem um longo percurso na área da cultura e como programadora do Sesc, tendo trabalhado em diversas unidades da instituição, seu apreço pela relação entre obras e público é evidenciado em todos os momentos da escrita.

Explicitar a necessidade de repensar as hierarquias presentes nas atividades de curadoria e crítica em prol de outro modo de comunicação com o público é talvez o aspecto primordial desta pesquisa.

Sem desmerecer as dificuldades que envolvem as relações entre instituição e público, criação e crítica, artistas e espectadores, trata-se de abrir possibilidades para novos movimentos.

Há, como sempre, um aspecto relacionado ao tempo. Assim como o tempo da criação, o tempo da crítica não pode ser subserviente aos paradigmas neoliberais que se limitam a valorizar aquilo que mantém o jogo e os jogadores na disputa.

Aqui se trata de um tempo como pulsação que fortalece a crise das certezas e das verdades absolutas, considerando a crítica, em si mesma, como um processo de criação que pode lançar obras, processos e artistas para além daquilo que já é.

Um desafio perigoso, mas urgente, na medida em que considera o pensamento como ação e a crise como estado de criação.

CHRISTINE GREINER
Professora livre-docente em Comunicação e Artes pela PUC-SP.

Espaço para encenação de *Os efêmeros* (2007).

INTRODUÇÃO

A introdução estabelece as relações entre crítica e ação cultural. Além de propor o entendimento da crítica estendida ao pensamento de curadoria e mediação, apresenta o exercício retórico a respeito da arte como uma possibilidade de pensamento criativo para a leitura das relações e a proposição de novos funcionamentos.

Ao pensar nas possibilidades de diálogo com o momento presente e em suas contradições, o sociólogo português Boaventura de Sousa Santos[1] propõe que o exercício retórico, calcado no pensamento sobre a arte e sobre a vida, no que ela tem de poesia e de lúdico, pode ser uma abertura poderosa para a reconfiguração de nosso pensamento, na direção de uma nova forma de conhecimento, mais pertinente com os desenhos de convivência entre os diferentes modos de vida da atualidade.

Tem ficado cada vez mais claro que as lógicas de poder e as dinâmicas que mantêm movimentos perversos nos arranjos sociais estão disseminadas nas práticas cotidianas, no âmbito das relações. Apesar das mudanças intensas e relativamente rápidas nas tecnologias que influenciam a vida, nos modos de fazer, nas organizações do tempo e do trabalho, na estrutura das instituições, e de outros rearranjos que têm sido frequentes, certos aspectos têm se mostrado muito mais fixos e rígidos no que tange às esferas dos hábitos e crenças, dos desejos e modos de pensar.

Muitas vezes, em lugar de encontrar novas formas de interação com as novas propostas de formato, repetem-se lógicas antigas e buscam-se respostas apressadas, reforçando dualidades e preconcepções, que inviabilizam a construção de novos mapas capazes de responder às necessidades de elaboração e convivências com base nos desafios que se apresentam. Os desejos e afetos, com potencial para criar alternativas, passam a determinar um movimento contrário e estabelecer regras e limitações.

Santos aponta que a arte, precisamente pela dificuldade em manter os seus conceitos fixos, ou pela facilidade em transformá-los, é mais dificilmente capturada pelas lógicas de determinado tempo, deixando sempre um flanco aberto para as inversões. Entretanto, por estar numa espécie de borda, de fronteira difusa entre a ciência e a arte, o

---

1. Boaventura de Sousa Santos, *A crítica da razão indolente: contra o desperdício da experiência*, São Paulo: Cortez, 2011.

exercício retórico pode abrir escapes e permitir articulações que, potencialmente menos comprometidas com a lógica científica, possibilitam discutir as questões por formatos e aspectos inusuais.

Assim, a crítica de arte seria uma possibilidade para novos conhecimentos, pela natureza mutável de seu objeto, a arte, e pela característica menos limitada do exercício retórico como lógica e como formato. A crítica de arte poderia ser o ambiente para a gestação de um exercício efetivamente crítico das lógicas de poder, abrindo espaço para novos processos de pensamento.

Este livro discute a possibilidade de pensar criticamente o cenário atual e o papel da arte na construção desse conhecimento crítico. Nesse sentido, propõe que será necessário instaurar um momento de crise no exercício de fruição da obra, bem como no olhar para essa vivência, para tornar possível a produção de um pensamento crítico. Em termos conceituais, identificando-se com a ecologia dos saberes, de Boaventura de Sousa Santos, que valoriza a singularidade dos contextos e das experiências, e com a estratégia do cinismo, desenvolvida por Vladimir Safatle[2], esta proposta não concebe a crítica como aprisionada em classificações e/ou juízos de valor, mas, sim, como acionadora de novos mapas de percepção e conhecimento.

Uma das questões mais presentes ao analisar as redes que envolvem arte, política e relações sociais é o que se constitui hoje como ação cultural. Esta pode englobar princípios de educação e de apreciação estética, propor a formação de público e as discussões do fazer e do pensar artístico e envolver estratégias para potencializar redes. Trata-se de pensar a cultura de forma dinâmica, e isso precisa estar alicerçado num pensamento que não se contente em reproduzir dispositivos de controle ou em recriar lógicas de soberania.

Para essa abordagem, torna-se cada vez mais necessário focar os processos de subjetivação que podem advir de tais ações. Este livro tem, portanto, um princípio ativador que pretende propor um olhar para as redes de percepção suscitadas pelo espetáculo, na busca de um conhecimento crítico, um conhecimento de crise, constituído em aliança com o espectador.

---

2. Vladimir Safatle, *Cinismo e falência da crítica*, São Paulo: Boitempo, 2008.

A discussão aqui apresentada nasce de uma crescente preocupação com a natureza das ações em arte e cultura destinadas ao público e aos próprios artistas, entendendo que a muitas dessas ações subjaz um pensamento crítico que, ao longo do tempo, pode determinar desenhos políticos e de educação, com alta taxa de permanência. Passados mais de vinte anos de trabalho com arte e cultura, e mais de dez anos na área de gestão, é cada vez mais clara a repercussão de posicionamentos críticos e seus frutos, assim como a proliferação dos exercícios simplesmente repetitivos e redundantes – narcísicos – sem impacto no *status quo* e nos registros cotidianos.

De certa forma, esta reflexão segue direção distinta da de algumas discussões recorrentes, que têm dificuldade em admitir um pensamento crítico neste estágio de capitalismo tardio e neoliberalismo. O objetivo aqui é afirmar que o pensamento crítico não apenas existe, como tem sido fortalecido em diversos sentidos. A questão é compreender como a crítica teatral pode colaborar com a produção de conhecimento proposta por vários espetáculos, no sentido de torná-la cada vez mais evidente.

Ao pensar o teatro em ações de cultura e mediação, é comum considerar a linguagem como instrumento para a transmissão de valores e conteúdos, o que é uma forma de educação "pelo teatro", que tem gerado inúmeros desdobramentos e ampliações, inclusive em ações sociais, e muitas outras possibilidades, que vêm sendo amplamente exploradas. Outra abordagem corrente é o pensamento de uma educação "para o teatro", visando ao que se convencionou chamar de "formação de público", ou "formação de plateia", centrada numa ideia da compreensão e do diálogo com a linguagem, ampliando o universo de contato e fricção entre obra e público, buscando o interesse e a participação ativa do espectador ou do potencial espectador.

Nosso interesse, no entanto, é entender a criação e a vivência da relação com a obra de arte não apenas como veículos e ferramentas, mas como vivências complexas e experiências comunicativas. Procuramos compreender o teatro como produção de conhecimento e formação de redes sígnicas (e perceptivas), no momento do espetáculo, e seus enredamentos, entendendo a realização e seu entorno como proposta crítica e educativa.

Trata-se de buscar uma ação que não seja didática, no sentido tradicional, nem limitada às considerações imediatas apresentadas pela obra, mas que dialogue com o sentido dessa experiência nos pensamentos gerados pela ação presencial – uma ação capaz de provocar e ativar novas possibilidades de representação.

Essa tem sido uma busca crescente de instituições, curadores e artistas para vitalizar a circulação da obra teatral e potencializar seu alcance em festivais, mostras, aberturas de processo e outras possibilidades de programação em espaços culturais tradicionais e locais alternativos. Lançar um olhar de contexto e suscitar discussões e aprofundamentos pode ser, efetivamente, uma forma de ampliar as possibilidades de compreensão, sendo, assim, uma clara extensão do exercício retórico – da análise e construção crítica. Entendam-se também nessa dinâmica as propostas que visam inverter ou diminuir o impacto da presença dos elementos de financiamento e mercado que influenciam a opção por esses formatos de viabilização, tornando mais relevante a necessidade de reflexão crítica durante todo o processo de proposição, realização e mediação.

A proposição feita aqui, no entanto, mira um exercício performativo que vá além do sentir ou do compreender e ofereça um olhar sobre a percepção, que confronte o espectador com os sentidos e significados surgidos da experiência do espetáculo e aponte canais de reconhecimento dessa vivência, uma construção de conhecimento que interage com as propostas dadas pela obra e pelas mediações críticas apresentadas.

Cabe ressaltar que vivemos um momento especialmente delicado no âmbito da cultura e seus desdobramentos, principalmente em termos da relação com o público e da questão do pensamento e da vivência da obra. Num ambiente de fortalecimento das dicotomias e diferenças, das respostas rápidas e da informação simplificada, imediata e descontextualizada, em geral respondendo a acionamentos maquínicos e dispositivos perversos, é imperativo cultivar as ações performativas e amplificar o potencial ativador de cada ação, alimentando as redes de criação e de conhecimento crítico. Todas as vias de circulação do conhecimento precisam ser valiosamente acionadas, superando repetições e dando visibilidade às iniciativas que possam redundar em novas construções.

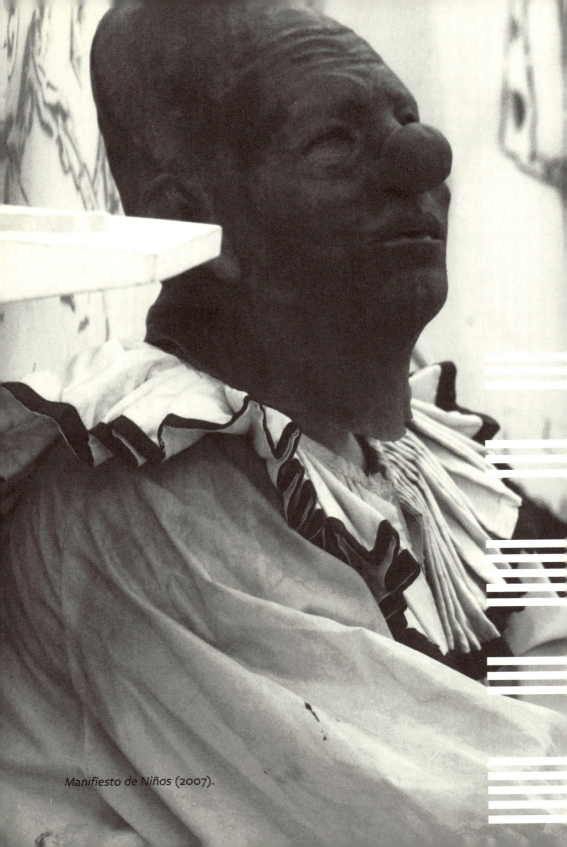

Manifiesto de Niños (2007).

CRÍTICA COMO PENSAMENTO DE CRISE

Os tópicos a seguir discutem a ideia de crítica como normatização e seus desdobramentos nas atuais dinâmicas; tratam da estratégia do cinismo e de suas possibilidades como operador crítico; fazem um breve percurso pela ideia de crítica e crítica teatral do ponto de vista do papel da arte, do artista sobre si mesmo e da evolução da posição do público; e propõem uma noção de crise e de suas possibilidades em direção a um pensamento ativador.

Quando falamos em crítica e em pensamento crítico, podemos nos remeter, *grosso modo*, à ideia de avaliação ou mesmo de validação ou de juízo de valor. Outra associação imediata pode ser ao momento crítico, o instante de crise e, portanto, à própria identificação ou definição da relação com a crise.

No momento presente, como podemos observar em manifestações nas redes sociais, nas discussões do dia a dia e em outras situações, a noção de crítica como normatização tem sido preponderante. Declara-se repetidas vezes a imersão numa crise, mas responde-se a essa constatação com afirmações peremptórias, julgamentos, censuras de comportamento e de pensamento. Em todos os âmbitos da vida social, é frequente a exacerbação de regras e a aplicação imediata de conceitos e rótulos. Escolhe-se, enxerga-se, conhece-se e, principalmente, classifica-se utilizando medidas fixas, muitas vezes alheias e rapidamente mutáveis. No senso comum, não raramente disseminado pela comunicação imediata, são formados juízos, muitas vezes repletos de incoerências e contradições. Tudo é justificado em nome da lógica gerencial, que se limita a administrar problemas imediatos. Por isso, embora as origens e as motivações de determinadas ações ou os mecanismos subjacentes a certos interesses sejam conhecidos, admite-se uma atitude complacente, não raro contrária às próprias crenças. A informação e a necessidade justificam todos os usos.

É sob essa ótica que medidas de recrudescimento de regras e punições – como a redução da maioridade penal, os casos de linchamento de supostos criminosos pelo público passante e os de agressão ao diferente nas redes sociais ou nos campos de futebol – têm sido discutidas sem a preocupação de disfarçá-las ou relativizá-las, quase sempre com a justificativa de remeter a determinada lógica ou sistema de ordem em função de um bem maior. Justificam-se também ações distantes da ética, como a corrupção e outras articulações, pela necessidade de atingir e manter determinadas estruturas, flertando com pensamentos opostos para a manutenção do *status quo*. Em outros termos, essa lógica gerencial tem perpassado todas as instâncias das relações, firmando muitas vezes a noção de crítica como exercício de normatização que vem se incorporando aos meios e aos hábitos. É o que se pode constatar tanto nos manifestos conservadores quanto na atual prática de "cancelar" determinada pessoa nas mídias e redes sociais em função de algum comportamento manifestado.

O grande desconforto gerado por movimentos desestabilizadores costuma nos impelir rapidamente a um ajuste: um desejo subjacente de retornar a uma situação controlada, que gera a sensação de familiaridade. Embora os cenários atuais indiquem um momento de ironia absoluta das condutas, o que se segue a isso é uma urgente necessidade de retorno às regras, uma brusca retomada de limites, algo como o reconhecimento de que a liberalização foi extrema. Desse modo, observa Vladimir Safatle, a indeterminação não parece nos provocar um gozo cínico, mas nos levar a correr atrás de vínculos e tradições ultrapassadas. Um exercício de pêndulo, em que o movimento de um polo ao outro é apenas uma forma de conservar o mesmo centro. Diante dessa questão, cabe ressaltar que, nessa situação, a verdadeira mola do poder não é a imposição das regras, mas a organização das alternativas passíveis de escolha. Isso nos leva à impossibilidade de escape entre os dois polos, uma vez que as opções passam a ser delimitadas pelos paradigmas conhecidos, restringindo-se apenas a ajustes imediatamente incorporados, sem se transformar em opções para a abertura de outros caminhos.

Entretanto, a impressão de ausência de desconhecimento, que se manifesta tanto conforme a sensação criada pelas redes sociais e pela informação rápida quanto pela amplitude da circulação da informação nos meios de pesquisa e teoria mais reconhecidos, implica o que pode ser considerado a "usura da verdade", ou seja, de certa verdade que não apenas é desprovida de força performativa, mas que, ao ser enunciada, elimina toda a possibilidade performativa.

É como reafirmar seguidamente determinadas expressões até que estas percam sua força provocativa, ainda que se conheça seu significado. Um tipo de conhecimento, portanto, que alimenta a noção de crítica como valoração e regulamentação, mas não necessariamente como questionamento das lógicas, que de fato aponte novos caminhos.

Quanto mais conhecimento, mais se realimentam os formatos estabelecidos, mesmo que esse novo conhecimento tenha, como potência, condições de conduzir a uma eventual mudança de direção.

Safatle observa ainda que "não é mais possível pensar a crítica como indicação de déficits de adequação entre situações sociais concretas e ideais normativos"[3]. Essa inviabilidade se dá exatamente porque os enunciados já não correspondem à amplitude performativa que lhes seria pertinente. Diante dessa constatação, reconhece-se o cinismo como o operador, no cenário das sociedades pós-ideológicas, ou seja, aquelas que supostamente não exigiriam a reificação das lógicas teológicas para explicações ou justificativas de seus mecanismos; as sociedades que conhecendo, ou reconhecendo, suas origens ideológicas poderiam prescindir do compromisso com os próprios valores que as geraram.

Safatle parte da discussão trazida por Peter Sloterdijk, no livro *A crítica da razão cínica*[4], e propõe o cinismo como estratégia para um pensamento crítico que possa abranger os desafios dessa realidade. A questão apresentada por Sloterdijk pode ser resumida substituindo a máxima marxista "eles não sabem, mas o fazem" por "eles bem sabem, mas o fazem mesmo assim". Assim, esse cinismo que interessa ao filósofo é aquele capaz de pronunciar o enunciado, sabendo que não haverá consequências. Cinismo capaz de perceber o que, dentro da norma, coloca em suspensão a própria norma ou que, sendo dotado de potência performativa, ao ser enunciado, perde toda a potência exatamente por ter sido dito. Significa, aqui, reconhecer a suspensão – e mirá-la – buscando sua singularidade.

Podemos afirmar, então, que é possível penetrar a lógica cínica e incorporá-la como estratégia de entendimento das questões e construção de novas possibilidades de conhecimento.

Diante de um ponto de compressão, a questão imediata não é "o que fazer?", mas é a de se demorar diante do esgotamento dos esquemas conceituais e de julgamento, pois a busca de respostas traz uma impossibilidade de articulação, um esgotamento de possibilidades e, por fim, a manutenção dos estados atuais.

---

3.   Vladimir Safatle, *Cinismo e falência da crítica*, op. cit., p. 31

4.   Peter Sloterdijk, *A crítica da razão cínica*, São Paulo: Estação Liberdade, 2012.

Ao discutir a questão da cultura e da arte, nesse circuito, Peter Sloterdijk[5] concebe os indivíduos imersos no que denomina "sensações de transeuntes na escada rolante" – movimento constante em direção desconhecida, sem evolução efetiva: dinâmicas identificadas com os dispositivos de redução de complexidade e manutenção de opacidade das questões políticas e sociais, alimentando um universo de consumo e rebaixamento crítico, sustentado pelas crenças individuais de subjetividade.

Ao indivíduo que se considera crítico e pensante, dentro da lógica de mobilização necessária à sua inclusão no ritmo de seu tempo – a presença num espetáculo, por exemplo –, pode-se garantir a sensação do exercício intelectual e crítico ou do entretenimento de qualidade, sem, no entanto, alterar suas dinâmicas cotidianas. Sloterdijk considera que não existe diferença efetiva entre o movimento da "escada rolante" e o da cultura, considerado fora ou acima dela, porque a esfera da cultura, ainda que vista como espaço de diferenças, está totalmente organizada segundo a mesma lógica. Nesses termos, a questão já não é de valoração, de diferenças entre o que é ou não de qualidade ou o que traz a reflexão mais legítima. Trata-se de perceber a paralisia, de onde quer que se esteja, e de contemplar o nó, uma vez que continuar circulando também não é operante e não apresenta solução.

Ao tratar dos dispositivos de poder, Giorgio Agamben[6] revisa o conceito proposto por Michel Foucault e afirma que um dispositivo pode ser qualquer coisa capaz de capturar, orientar, determinar, interceptar, modelar, controlar e assegurar os gestos, as opiniões e as condutas dos seres viventes. Dessa forma, os dispositivos não estão apenas nas prisões, escolas ou instituições, mas podem ser uma caneta, um celular, a linguagem, a moda, entre outros.

Longe de terem sido impostos, esses dispositivos são fruto do próprio processo de se tornar humano em relação aos impulsos e às necessidades e da impossibilidade de acesso permanente e direto aos desejos e aspirações do indivíduo. São resultado das construções de convívio e, além de conforto, significam uma cisão, uma separação en-

---

5. *Idem, A mobilização infinita: para uma crítica da cinética política*, Lisboa: Relógio d'Água, 2002.

6. Giorgio Agamben, *O que é o contemporâneo e outros ensaios*, Chapecó: Argos, 2009.

tre o indivíduo e seu ambiente imediato. Na raiz de todo dispositivo está um desejo de felicidade e sua potência reside exatamente na captura desse desejo.

Desse modo, a estratégia para lidar com os dispositivos nunca é simples. É ingenuidade pensar na sua eliminação ou anulação, bem como na aplicação de um "bom uso" de determinado dispositivo. A ação política que está em questão, portanto, é a possível desestabilização do dispositivo, a recuperação do acesso ao que foi afastado do uso comum, tendo em vista uma possível ressignificação.

A profanação seria uma forma de romper com as lógicas perversas da ação dos dispositivos sobre os viventes e com as infindáveis repetições e reproduções dos atos e discursos de soberania disseminados no cotidiano. A profanação seria o contrário da sacralização: se o sagrado é inacessível, intocável, profanar significaria trazer esses dispositivos de volta ao contato, para que possam ser desestabilizados, ou pelo menos, num primeiro movimento, olhados em sua conformação. Já que o toque num objeto sagrado pode tirá-lo da sua condição soberana, a profanação como estratégia poderia enfraquecer ou inverter o poder de determinados dispositivos, desestabilizando-os, portanto.

O próprio Safatle encontra convergências entre as estratégias do cinismo e da profanação, principalmente no que diz respeito ao procedimento da paródia. A paródia exige dois traços: a dependência em relação a um modelo existente e a manutenção de elementos formais desse modelo em relação a conteúdos ou contextos incongruentes ou inconsistentes. Em outras palavras, repetir a norma, mas diante de elementos que a anulem ou a ironizem, sendo as expectativas políticas depositadas nessa operação, só tem sentido porque pressupõe a existência e a exposição de uma lei normativa. Uma lei que determine o que se pode ou não tocar, que separe essas instâncias, admitindo a possibilidade de falsas consciências, sem levar em conta seus componentes ideológicos.

Em tempos extremos, é possível que estejamos acreditando e buscando desativar dispositivos que já estão descaracterizados. Safatle nos fala, por exemplo, da transformação de uma lógica de administração do gozo, já incorporada, numa lógica da administração da insatisfação. Nesse sentido, o maior equívoco político seria combater uma lógica que talvez já não exista, e o operante seria buscar um olhar sobre a administração de sua falta, ou de seu negativo. O corpo e o desejo seriam, assim, retirados do foco; entretanto, a seu ver, não se trata de anular ou restringir, mas de construir um estado de indiferença a suas questões a fim de liberá-los das dinâmicas perversas e de inverter as lógicas dos dispositivos ligados a eles.

O cinismo como operador propõe, portanto, um exercício que retira do centro elementos que têm sido essenciais na construção do pensamento, já vitimado por dispositivos de poder. Assim, ele busca uma crítica capaz de permanecer a partir da construção de um novo pensamento. Esta seria uma crítica sem pressa nas escolhas. Uma parada para perceber eventuais novos dispositivos e outras conexões possíveis.

Aplicando essa proposição ao olhar para a obra de arte, especialmente para o espetáculo teatral, propomos essa parada guiada pelas percepções, e, após mirar o nó, ou seja, encontrar o que nos remete a questões reconhecíveis, deslocar o olhar para a comunicação entre obra e espectador. Encontrar as mediações propostas e de que forma essa vivência nos reapresenta sensações e reflexões pertinentes; reescrever, portanto, o mapa dos espantos suscitados, buscando perceber as formas como se nos apresentam os dispositivos, os discursos, como se dá nossa percepção, o que nos captura e nos inviabiliza nessa rede e quais são efetivamente as questões que surgem desse contato mediado pelo espetáculo.

Crítica e teatro – entre o valor e a crise

Embora haja consenso sobre a importância da cultura grega na formação do pensamento ocidental, sendo os primeiros textos de poética e retórica atribuídos a Aristóteles e Platão, é no século XVIII, com as profundas mudanças de arranjo político, religioso e social, que se instaura com mais evidência o modelo de crítica que prevalece até hoje. Trata-se de uma crítica que "ilumina" o gosto e que, com base nos modelos da razão e da ciência recém-organizada, determina o bom caminho: a separação entre o antigo, a religião, o Estado absolutista, e o novo, a razão, o homem e a nova política burguesa.

Segundo o crítico Reinhart Koselleck[7], na medida em que o iluminismo não só se apercebe da separação entre uma instância moral e uma instância política, mas também começa a estabelecer as bases de seu juízo, define-se a escolha pela separação entre crítica e política e se instaura um dualismo historicamente fundante. Além disso, cabe observar que esse é um período dualista em diferentes dimensões, a começar por modificações da rotina e do próprio sentido da vida cotidiana, em que se afirma o predomínio da razão como base para a produção de conhecimento válido. Nele se reelabora a própria ideia de conhecimento "válido", aquele que pode ser posto à prova pela razão, e "não válido", bem como a ideia de um público a ser qualificado para a fruição "correta" da vida e da arte.

Com a ascensão da burguesia, a literatura serve de instrumento de afirmação da classe média, e a crítica literária passa a se preocupar fundamentalmente com o poder e a organização política. Entretanto, os pensadores logo se interessam por uma organização do convívio, da fruição e do gosto, de conceitos como o belo e o sublime. Nesse processo, além de definir e arbitrar os valores da obra e da arte como todo, a literatura define e valora também o público, já que inaugura o conceito de "bom gosto".

Segundo Agamben, se o homem de bom gosto passa a ser aquele que tem a estranha faculdade de perceber a medida certa da beleza expressa na arte, o homem de mau gosto não é aquele que despreza a arte, mas o que não consegue distinguir a "medida da perfeição" e que, amando a arte, é capaz de cometer erros e exageros, perdendo a medida.

Northrop Frye salienta que, desde Platão e Aristóteles até o Renascimento, a crítica foi uma reflexão de um grupo determinado: os poetas, sábios e oradores, mas que com o iluminismo e a ascensão da burguesia houve uma mudança substancial, de modo que "[...] foi o humanismo renascentista que instituiu o sábio como juiz do poeta" [8].

---

7. Reinhart Koselleck, *Crítica e crise: uma contribuição à patogênese do mundo burguês,* Rio de Janeiro: Eduerj 1999.

8. Northrop Frye, *Anatomia da crítica: quatro ensaios,* São Paulo: Cultrix, 1973a, p. 69

Em ensaio publicado em *Rumos da crítica*, Jacques Leenhardt[9] observa que uma história da crítica deveria partir de três parâmetros: a evolução da própria arte, a consciência de si mesmo (por parte do artista) e a evolução do público. A seu ver, durante o iluminismo, esses três parâmetros sofreram profundas modificações em sua natureza, uma vez que a sensibilidade passou a fazer parte do julgamento e da fruição da arte, em complemento à razão, como expresso na obra emblemática de Kant, *A crítica do juízo*.

Concebendo a crítica como uma "arte de julgar", Koselleck aponta que, ao interrogar a autenticidade, a verdade ou a beleza de um fato para, a partir daí, emitir um juízo, a crítica se envolve profundamente no julgamento de seu tempo. Em função do caráter geral que tinha no século XVIII, a crítica de arte, desde então, estabelece uma ligação essencial com a dualidade: não apenas belo e feio, razão e emoção, moral e política, mas também o mundo dividido em categorias opostas e excludentes. É a prática de classificar e atribuir valor com base nessa forma de operar. Como observa Terry Eagleton[10], os filósofos, naquele momento, estavam preocupados em definir o gosto e o bom gosto, o correto e o inapropriado em todos os níveis de relações e instituições, inclusive no âmbito da religião e da política, num cenário de enfrentamento do catolicismo e da formação dos Estados modernos.

Aliás, ainda de acordo com Koselleck, as primeiras referências à palavra "crise" em livros e escritos datam do final do século XVIII, período da crise dos Estados-nações, que se constituíam em decorrência de instabilidades políticas e institucionais nos países do centro europeu. Na época, a crise representava o momento que antecede uma solução, o momento em que se reúnem expectativas e no qual as respostas ainda estão por vir.

Em relação ao teatro, até esse período, a crítica manteve o mesmo caráter de crítica literária, correspondente a certo entendimento da função do espetáculo e do papel do ator. Até o início do século XIX, o artista teatral era aquele incumbido de levar um texto a público. A crítica literária foi, portanto, primordial para a crítica do teatro, e as

---

9. Jacques Leenhardt *et al.*, *Rumos da crítica*, São Paulo: Itaú Cultural, 2000.

10. Terry Eagleton, *A ideia de cultura*, São Paulo: Editora da Unesp, 2005.

repercussões dessa ligação permanecem até hoje nos entendimentos da arte e do corpo em cena. Isso se manifesta, por exemplo, na busca de ferramentas de análise e de parâmetros baseados nas análises linguísticas que possam ser aplicados a todos os espetáculos, no intuito de uma crítica mais objetiva, ou num maior interesse de mercado em espetáculos organizados em torno de uma história, ou com significados a serem interpretados. Sem qualquer juízo de valor, podemos considerar que esses elos históricos estão presentes e vivos ainda hoje.

Do texto como centro ao foco na encenação

Segundo Jean-Jacques Roubine[11], dois marcos determinam tanto a independência do teatro em relação ao texto literário quanto sua afirmação como arte autônoma, ou seja, dois fenômenos – ambos de natureza tecnológica, ou ligada à tecnologia – contribuíram para o surgimento do encenador: o advento da luz elétrica e o início da dissolução do conceito de fronteira, decorrência das evoluções no transporte e na comunicação.

Para Roubine, à medida que a comunicação com artistas de fora da França e da Inglaterra se tornou possível, a submissão ao gosto francês ou aos modelos shakespearianos pouco a pouco se dissolveu, e novos modelos surgiram. Alemanha, Rússia e Itália, principalmente, passaram a figurar como possibilidades nesse circuito de gosto, o que favoreceu a multiplicidade de formatos e o diálogo entre eles.

Novos textos (dramatúrgicos, ensaísticos e críticos) são construídos a partir das possibilidades de um espetáculo que valoriza uma esfera ampla de criação, sem se restringir à letra. Grandes encenadores passam a escrever e teorizar a respeito da montagem que vai além do texto, em busca dos demais elementos da cena. Antoine (França), Appia (Suíça), Stanislavski e Meyerhold (Rússia), Craig (Inglaterra) e Behrens e Reinhardt (Alemanha) estabelecem os centros do teatro ocidental.

---

11. Jean-Jacques Roubine, *Introdução às grandes teorias do teatro*, Rio de Janeiro: Jorge Zahar, 2003.

De um lado, tanto o naturalismo de Antoine, que concebe o espetáculo como um todo e introduz a noção de organização de todos os elementos da cena de forma integrada, quanto o de Stanislavski, com a interpretação naturalista do ator, marcam a superação do drama romântico. Renuncia-se a telões e cenários pictóricos e introduz-se a presença do objeto real em cena, buscando-se eliminar a sensação de imitação característica do teatro feito até então para a burguesia. Por outro lado, a cena simbolista de Craig e Appia, procurando imagens perfeitas e sem a interferência externa ou sem espaço para improvisos ou personalismos por parte do ator (o que já fora festejado), convive com o naturalismo e com as experiências de outros encenadores, sem a necessidade de se firmar um formato exclusivo para a encenação.

Dessas novas configurações de teatro surge uma crítica que divide com o encenador a responsabilidade de levar ao público o novo e que chama para si a condição de um olhar que discute tanto as novas ideias quanto os apegos ao tradicional, exercendo posição de defesa ou de combate a determinadas encenações ou encenadores. O palco se abre para os debates entre as diferentes tendências.

Nesse período, novamente identificam-se mudanças em cada um dos parâmetros propostos por Leenhardt. A arte adquire novas técnicas e revê suas relações com os materiais, os processos e os mercados que se configuram. As experiências artísticas interessam-se em mobilizar o público, compartilhando e abrindo seus próprios processos de criação. O artista revê seu papel, pois apresenta-se como alguém que, com sua obra, pode influenciar as visões de mundo ou pelo menos questioná-las, em lugar de ser alguém com uma posição na ordem estabelecida. Por isso, o artista importa-se com o retorno do público e da crítica para se legitimar no circuito da arte.

O público, por sua vez, passa a questionar algumas de suas impressões em relação ao que espera da arte, pois as noções de belo e de obra que imita a vida deixam de ser o foco, ao mesmo tempo que, por via da arte, se abrem para a relatividade e a psicanálise, entre outras visões inovadoras a respeito da própria vida. Embora sofram deslocamentos, as dualidades permanecem.

Novos contextos e reconfigurações no século XX

Anne Cauquelin[12] percebe, na crítica moderna, o nascimento da noção de valoração da obra, que mais tarde carrega conceitos desse período a fim de estabelecer a concepção de mercado. Apesar de tais considerações serem aplicadas principalmente às artes visuais, em termos da crítica em geral cabe destacar que nesse período o artista, a arte e o próprio crítico se desvinculam dos círculos exclusivamente acadêmicos, o que é determinante para o subsequente surgimento de um novo modo de circulação.

Esse foi um período marcante para a crítica e para a relação com a arte e o conhecimento em geral, com o estabelecimento de parâmetros que continuam operantes em virtude das profundas mudanças a que estão ligados. Por sua natureza e amplitude, as mudanças de contexto provocadas pela industrialização, a descoberta do inconsciente e os estudos linguísticos estruturalistas fazem parte de uma engrenagem de revisão de estruturas sociais e artísticas.

Entre algumas das vertentes que mantêm suas reverberações, podemos destacar as origens da crítica marxista, que, como aponta Wellek[13], foca o contexto e não o próprio objeto. Isso influencia tanto a construção das concepções da arte para o povo quanto o próprio trabalho de Brecht, que se tornou marcante para a história do teatro. A abordagem freudiana originou ou iniciou o ciclo das vertentes psicanalíticas. As correntes estruturalistas surgem dos estudos linguísticos de Saussure e buscam a análise não apenas da literatura, mas também da arte, pelo viés do entendimento da linguagem. Os avanços da linguística, por sua vez, alimentam as abordagens semióticas da arte.

Sobre as correntes críticas do século XX, Cauquelin observa que as novas e antigas áreas – linguística, semiótica, psicanálise, fenomenologia, entre outras – trazem as contribuições que constituirão a grande pulsação e mantêm o movimento incessante do pensamento em

---

12.   Cf. Anne Cauquelin, *Teorias da arte*, São Paulo: Martins Fontes, 2005.

13.   Cf. René Wellek, *Conceitos de crítica*, São Paulo: Cultrix, 1963.

torno da arte. A esse propósito, Roland Barthes[14] aponta a importância e a possibilidade das diversas e múltiplas apropriações metodológicas na construção crítica. Trata-se de ferramentas e entendimentos que passam a integrar o cabedal disponível para as diferentes análises.

A partir da segunda fase da industrialização, com a criação e a intensificação das economias de mercado, o contexto pós-guerra e os questionamentos das ordens políticas e econômicas estabelecidas, bem como de seus impactos na vida cotidiana, verifica-se uma reconfiguração radical tanto na visão da arte quanto na ideia do artista sobre si mesmo. Em 1930, Walter Benjamin previu um futuro incerto para a arte e para a cultura, apresentando-o em seu texto "A obra de arte na era da reprodutibilidade técnica"[15]: daí em diante, as questões de mercado passariam a integrar as análises do contexto da arte e da própria obra. "Indústria", "cultura", "massa" e "mercado" são algumas das palavras que ganham destaque nas questões da arte, de modo que, de acordo com Benjamin, já não seria possível pensar a arte sem considerar o contexto. Tal pensamento foi comum aos filósofos da chamada Escola de Frankfurt, que inauguram o pensamento pós-estruturalista, ao fazer novas leituras dos conceitos que geraram o estruturalismo e as teorias da arte moderna.

Não é possível falar em pensamento único na Escola de Frankfurt em virtude das grandes especificidades teóricas de seus integrantes. Mas eles também apresentam fortes traços comuns e, principalmente, propõem a constituição de uma teoria crítica, que se denominou como tal: uma teoria negativa da modernidade e dos modos decorrentes de seus princípios – como o neoliberalismo e o capitalismo tardio, que, embora valorizem a compreensão com base nos mecanismos sociais e políticos, os aplicam na análise da sociedade de massa e no uso da técnica em favor do controle. No caso da arte, tais questões são inseparáveis da lógica do mercado.

Outra postura radical pode ser detectada nas teorias de Michel Foucault, que, a partir da década de 1960, desenvolve os estudos que resultarão no conceito de "biopolítica". Com o propósito de rever as formas de análise de poder, Foucault propõe sua pesquisa de maneira indutiva,

---

14.   Cf. Roland Barthes, *Crítica e verdade*, São Paulo: Perspectiva, 2007.

15.   Walter Benjamin, "A obra de arte na era de sua reprodutibilidade técnica", em: *idem, Magia e técnica, arte e política: ensaios sobre literatura e história da cultura*, São Paulo: Brasiliense, 2012, v. 1.

analisando não as formas superiores e abstratas de poder, mas suas relações mais discretas no interior da sociedade. O autor estuda a prisão e a escola, entre outros modos de convivência, e percebe tanto as lógicas de soberania quanto as dinâmicas de poder que subsistem nas microrrelações. Foucault reconhece a centralidade do corpo nos regimes de sujeição e nas lógicas de soberania e, por isso, propõe-se discutir os modos de vida, uma vez que a política se tornou uma política de administração e controle sobre a vida e o corpo.

Nesse período, as novas descobertas da biologia e da medicina, ou mesmo da física e da química, permitiram novos olhares sobre o corpo e foram consoantes com a percepção de sua centralidade nos regimes de soberania política. Assim, movimentos de questionamento dos meios de produção, da natureza do conhecimento e das relações entre conhecimento e poder não apenas influenciam as discussões em arte e cultura, mas têm relação estreita com elas. Ao serem incorporadas, tais discussões geram um novo movimento de alimentação entre arte, crítica e público, bem como novas maneiras de ver essas relações, já que a corporalidade do espectador e as lógicas de mercado deslocam a visão de arte e a compreensão das potencialidades políticas da obra.

Após a metade do século xx, sobretudo no teatro, surge nova preocupação com o espectador, desta vez como centro da representação, ou buscando potencializar a percepção e o reconhecimento de seu lugar na realização do espetáculo.

Um pensamento que tem fortes repercussões no sentido formal e político da cena é o de Bertolt Brecht, diretor do Berliner Ensemble e teórico marxista do teatro. Em 1954, sua apresentação do espetáculo *Mãe coragem*, em Paris, chama a atenção para as operações não ilusionistas e para a forma de contar, que se distancia do dramático. A proposta do teatro épico de Brecht busca o desvelamento, não apenas das ilusões do teatro, mas também dos discursos ideológicos vigentes, abrindo a discussão sobre as possibilidades de um teatro crítico. Ela também coincide com as ideias em voga de um teatro para o povo. Além de provocar discussão e influenciar a linguagem do teatro, a proposta brechtiana se torna modelo, como observa Roubine[16]. Embora seja comum associar a proposição de Brecht à compreensão e à racionalidade preponderante,

---

16. Jean-Jacques Roubine, *Introdução às grandes teorias do teatro, op. cit.*

convém ressaltar que ela é calcada na vivência, na presença e no corpo do ator, já que o estranhamento é uma construção que valoriza a relação ator-espectador e sua convivência no momento do espetáculo.

Outra postura política radical é a de Antonin Artaud, com o teatro da crueldade, que busca, em última análise, despertar as forças vitais sufocadas pelo cotidiano. Assim como Craig e Appia, Artaud busca ritualizar e sacralizar a cena, mostrando seu fascínio pela cultura oriental por meio do detalhamento das imagens e dos rituais balineses. No entanto, ele vai além da visão de um teatro litúrgico buscado por esses encenadores, mergulhando nas potencialidades e características de um corpo capaz de realizar o ritual de ressacralização do teatro. Para Artaud, o teatro é o lugar adequado para a mobilização de forças aptas a recuperar a capacidade de criação. Ao propor o corpo sem órgão em seu teatro, indica que a destruição dos órgãos do corpo é a busca por um corpo integral, pleno. Esse conceito e outras reflexões de Artaud foram incorporados por Deleuze e Guattari em suas discussões sobre o corpo, no âmbito da biopolítica.

Depois da modernidade e o deslocamento do espectador

O termo "pós-moderno" (e o conceito de "pós-modernidade") começa a ser utilizado por volta da década de 1980, aplicado, mais especificamente, às teorias que se contrapõem à noção de conhecimento moderno, apoiado na supremacia da lógica sobre a razão, baseado em parâmetros científicos para definir verdades e, principalmente, na possibilidade de estabelecer a verdade e o real de forma absoluta. A pós-modernidade reconhece o esgotamento de paradigmas fundamentados nas dualidades e separações entre sujeito e objeto, natureza e cultura, bem como em seus correlatos. Na década seguinte, com as mudanças políticas e econômicas iniciadas com a crise do capitalismo e do socialismo, o conceito passa a ser empregado de maneira mais ampla. As discussões sobre os paradigmas do conhecimento se materializam na forma das dúvidas e ambivalências produzidas por esses e outros acontecimentos da época, ampliando os incômodos surgidos com as realidades desencadeadas pela Segunda Guerra Mundial – grande referência para muitas dessas discussões. Sente-se a necessidade de discutir a validade dos paradigmas modernos nas culturas que viveram essa situação, no final do século xx: indistinções, violências e instabilidades disseminam-se, tornando-se visíveis pela dissolução desses paradigmas no âmbito da vida cotidiana.

Por outro lado, cabe ressaltar que tem sido também revista a pertinência do chamado "pensamento pós-moderno" e de como ele se manifesta em realidades que não chegaram a viver o período moderno, exceto pelo que lhes foi transmitido pela colonização.

Boaventura de Sousa Santos é um dos autores que discutem os vestígios do processo de colonização e suas possibilidades de escape. Para tanto, propõe o termo "epistemologias do Sul"[17], em que "Sul" incluiria as nações e culturas colonizadas por um capitalismo predatório e degradadas por essa ocupação. De acordo com ele, essas culturas não podem se ver apenas pela via do negativismo de uma situação moderna que não viveram, mas, sim, pelo olhar do colonizador; devem atentar, portanto, para a emergência de procurar compreender seus efetivos pontos de partida e os reflexos de seu processo de colonização, para uma construção atual pertinente a sua situação real, e não ainda vista pelo filtro de um olhar alheio. A perspectiva pós-colonialista propõe que as estruturas de poder e de submissão estão mais visíveis a partir das margens e das periferias – das bordas, portanto.

Estudos culturais realizados entre as décadas de 1970 e 1980 originaram as teorias da recepção, que buscam entender o fato artístico levando em conta o espectador em seu contexto, bem como os parâmetros e os padrões culturais e individuais que influenciam a forma de se relacionar com a obra. Por outro lado, destacam-se experiências que consideram a subjetividade e a construção política pela percepção e pela performatividade do espetáculo, valorizando e focando os funcionamentos cognitivos que vêm sendo estudados e a centralidade do corpo nos processos de comunicação.

---

17.   Maria Paula Meneses; Boaventura de Sousa Santos (org.), *Epistemologias do Sul*, São Paulo: Cortez, 2010.

As experiências são produtos de nossos corpos, na relação com o ambiente[18]. A teoria corpomídia[19] sugere que o corpo e a realidade são frutos sempre provisórios das trocas que fazem. Em termos de arte, e de teatro, especificamente, ao se compreender a complexa rede comunicativo-biológico-relacional que se desencadeia na relação corpo-ambiente, evidencia-se a inexistência de um espectador passivo.

Ao comunicar algo, há sempre deslocamentos (movimento com mudança de posição): de dentro para fora, de fora para dentro, entre diferentes contextos, da ação para a palavra, da palavra para a ação e assim por diante.

Isso não significa que não existam dispositivos de poder, dentre os quais o traço colonial é um dos mais importantes. No entanto, evidencia-se que a ação política é uma possibilidade latente, sobretudo quando se pensa o corpo do ponto de vista processual, em vez de restringi-lo a modelos dados ou a metáforas, como a do recipiente. O corpo não é um instrumento ou lugar onde se colocam coisas/informações/ideias. Nesse sentido, vale deslocar o espectador dessa posição de quem apenas recebe informações.

Novos paradigmas possíveis

De acordo com Jacques Rancière, independentemente da vertente e do pensamento que geraram a produção teatral nas diferentes escolas e nos diferentes percursos, o teatro sempre alimentou a ilusão de que será transmitido ao público exatamente o que foi criado pelo artista, ou seja: existe a ilusão de que há uma obra que fala a um público. A seu ver, o teatro ainda não conseguiu renunciar a uma visão hierárquica entre artista e público, o que seria imprescindível para o efetivo entendimento do alcance da linguagem e da potência das mediações que isso pode

---

18.   Christine Greiner, *O corpo em crise: novas pistas e o curto-circuito das representações*, São Paulo: Annablume, 2010.

19.   Cf. Helena Katz; Christine Greiner, "Por uma teoria do corpomídia ou a questão epistemológica do corpo", em: Christine Greiner, *O corpo: pistas para estudos indisciplinares*, São Paulo: Annablume, 2005.

suscitar. Mesmo nas experiências mais radicais, ainda se considera que o artista gera determinado conhecimento ou provoca determinada vivência, a serem absorvidos pelo público, ocasionando ativações previstas ou esperadas. Para Rancière, é preciso compreender que não existe relação causal entre o que se apresenta ao espectador e o que será ativado ou apreendido. Dessa forma, pode-se considerar que a potência da obra aumenta em função de sua capacidade de propor mediações.

A compreensão da natureza da relação entre obra e espectador talvez seja uma das questões mais prementes no que se refere à relação entre público, crítica e artista. Os trabalhos muitas vezes procuram demonstrar o imponderável dessa comunicação, buscando transpor o cânone da transmissão de algo que parte do artista e chega à plateia.

Com a abertura do campo da arte para o diálogo mediado pela proposta de ação cultural, ou seja, pelas pedagogias que se propõem criar novos laços entre público e obra, além da tradução ou do entendimento estético, ganha espaço um pensamento de contexto, que se relaciona com a obra e medeia essa relação por meio do pensamento crítico, recorrendo a novas abordagens. É o que se apresenta nos festivais, curadorias, *blogs* e em outros diferentes espaços que têm sido ocupados e construídos pela crítica, também como texto. Nesse âmbito, as preocupações do teórico podem ser traduzidas como estímulo ou à reflexão ou à necessidade de evitar respostas rápidas e soluções que reflitam lógicas desgastadas, pois é bastante fácil criar conexões sem perceber que se trata de repetições e não de aberturas.

Dialogar politicamente com público e obra, nesses termos, significa buscar as singularidades de cada experiência sem desprezar ou menosprezar seus processos e percursos, porém construindo novas ligações em lugar de oferecer caminhos ou instruções de entendimento. Em outras palavras, significa propor aberturas ao público e ao artista. Essa concepção parte da noção de que não existe relação de causalidade entre o que o artista diz e o que o público apreende; é uma ilusão acreditar nessa relação direta, bem como é preciso abandonar a crença de que se pode "ensinar" algo a um público e, inclusive, superar a noção de público como grupo minimamente homogêneo. A percepção é autônoma, e o público, inclassificável.

Agamben aponta outro paradigma, que ainda hoje permanece no entendimento da crítica de arte: o do trabalho como força motivadora da criação. Além de permear a atividade e a atribuição de conceitos de produtivo e improdutivo, a discussão do trabalho determina juízos de valor muito além das lógicas de mercado e do aspecto remunerado das atividades. Para Agamben, a ascensão do trabalho ao *status* de atividade central da vida do homem está ligada ao fato de que, entre todas as práticas humanas, os infindáveis processos estabelecidos pelas rotinas de trabalho foram os mais diretamente ligados aos ciclos biológicos do organismo, o que transformou essa visão em forma arraigada de vida. A seu ver, é a ideia de separação entre práxis e poesia que influencia nosso entendimento sobre o valor do trabalho e reforça a premissa de separação dos tempos.

Ao longo do tempo, a abordagem política e crítica do teatro também é influenciada pelo entendimento da força produtiva e da práxis como centros da vida. De acordo com Agamben, mesmo no trabalho de Artaud, o desejo de encontrar as forças que movem o indivíduo tem como essência esse ser "que produz", que tem uma força criativa inerente a sua natureza. A seu ver, também aí se mantém a essência de um homem cindido entre poesia e práxis. Influenciando todos os aspectos da vida, essas configurações obviamente também orientam as formas de relação com a arte, e por isso chama a atenção a discussão, proposta pelo crítico, no âmbito das artes plásticas e visuais e da *performance*, casos extremos de permanência e impermanência.

As reconfigurações do trabalho com partição do tempo vêm influenciando as formas de viver desde o estabelecimento da agricultura e sofreram deslocamentos determinantes com o processo de industrialização e o fordismo ou com a disseminação dos meios digitais. No entanto, na atualidade, tanto a possibilidade de separação dos tempos biológicos e das estações do ano quanto a superação da necessidade de lugar determinado para o exercício do trabalho vêm criando um curto-circuito nessa ligação primordial, já que finalmente a reconfiguração de trabalho é inequivocamente inconciliável com as tradicionais formas de partição. Nas palavras de Paolo Virno: "O tempo social parece saído de suas dobradiças, pois já não há nada que distinga o tempo do trabalho das outras atividades humanas"[20].

O autor refere-se ao operário fordista, que lia o diário fora do tempo do trabalho, em oposição aos tempos que, em grande parte,

---

20. Paolo Virno, *Gramática da multidão: para uma análise das formas de vida contemporâneas*, São Paulo: Annablume, 2013, p. 81.

não mais se distinguem necessariamente das formas atuais de trabalho. Para além das dualidades questionadas – a da participação de um corpo artista na visão e construção de outro corpo social e das discussões em torno dos modos de vida e dispositivos de soberania –, Agamben propõe compreender as possibilidades de inversão da lógica do humano, como um ser produtivo em essência, e buscar aonde nos leva a quebra desse outro limite em relação à vivência e à produção de conhecimento pela arte. Se, em lugar de um homem produtor, da práxis, tivermos a poesia como grande motivação da vida, quais seriam as novas articulações do conhecimento?

Uma crise da crítica?

Se existe um espaço em que hoje a crítica poderia se reconhecer em posição de poder no circuito de difusão e circulação da arte, este seria o de legitimação, divulgação e discussão de montagens e processos. Sua presença nesse âmbito é uma contribuição para o registro e o desenvolvimento da linguagem, mas também constitui uma mediação importante na relação entre artista e mercado, no circuito de produção e legitimação diante de público, patrocinadores, imprensa, editais e festivais, entre outras possibilidades. Pode-se observar, no entanto, que talvez seja esse o substituto mais imediato das relações de poder historicamente atribuídas não apenas à crítica de teatro, mas à crítica de arte em geral. Isso considerando todas as dificuldades atuais na circulação da produção cênica. Esse alcance, contudo, não diz respeito apenas à figura do crítico como tal, mas também à do profissional do teatro dedicado à construção de pensamento em torno do espetáculo, incluindo aí os círculos de curadoria, imprensa e academia, uma vez que a circulação de determinadas obras está diretamente ligada à inserção de sua proposta estética e política em determinados círculos.

Há também a angústia dos meios de circulação da própria crítica: uma vez que se consolidou como texto e, no caso específico da crítica da cena, construiu uma relação determinante com os meios de comunicação, em especial os periódicos da imprensa escrita, como não associar a própria crise da mídia impressa – jornais e revistas – a um possível desaparecimento do texto crítico ligado a essa forma de circulação? Em resposta, o avanço dos novos formatos, além dos *blogs* e revistas digitais, assim como dos circuitos de reflexão e registro das obras, explicita esse esgotamento de ciclo e a revisão dos meios.

Somam-se a isso os questionamentos sobre o conceito de público, as crises de mercado e da relação entre arte e mercado e, enfim, as angústias do consumo em geral, entre outras manifestações da crise do modo de vida e dos sistemas que sustentam o atual formato do pensamento da crítica e da própria arte. No caso da cena, em função da natureza eventual do acontecimento, a relação com o público e com a criação do fato artístico tem sido construída em estreita conexão com os meios que agora passam por suas próprias adaptações e desafios de circulação. Se, por um lado, as realidades de mercado têm sido readaptadas, trazendo modificações fundamentais no formato das críticas periódicas, por outro, os meios digitais têm possibilitado inúmeras experiências em *blogs*, revistas digitais, fóruns interativos e outras iniciativas.

Em contrapartida, a crítica como texto teórico pode muitas vezes ser objeto dos questionamentos que sofre como ciência e dos que faz a si própria. Essa é uma encruzilhada que, antes de questionar as formas e a validade do pensamento crítico, também se volta para as formas de texto e de circulação determinadas pelos usos do livro e da imprensa. Por fim, a crítica tem também surgido como motivadora e articuladora de discussões em festivais, mostras e encontros, abrindo assim possibilidades para o estudo e o debate teórico por outras vias. Desse modo, começa a marcar presença no que se pode chamar de "estratégias de ação cultural", ou seja, práticas e eventos que buscam difundir e articular a produção cultural.

Será então possível afirmar a existência de um processo de falência da crítica? Ou trata-se de uma reconfiguração, porém percebida como inviabilização pela própria dificuldade em fugir das dinâmicas já estabelecidas? A pressa em responder ao momento de suspensão tem inviabilizado a percepção de caminhos para um pensamento crítico? E em que medida, ao discutir a falência da crítica de arte, e mais especificamente da crítica teatral, afirmam-se na verdade as dificuldades ligadas aos meios, em especial à imprensa escrita? Em relação a tudo isso, como já apontado, têm sido construídos diversos exercícios e ações. No entanto, existe outra discussão que não diz respeito à crítica como forma, mas, sim, aos paradigmas em torno das possibilidades de um pensamento crítico atual. Em outras palavras, diz respeito à crítica de arte, mas não se restringe a ela.

Trata-se de questionar a potência e a reverberação desse pensamento em termos de ativação, em relação ao escape das lógicas da "escada rolante" (Sloterdijk), ou seja, além da repetição narcísica.

A noção de crise

Boaventura de Sousa Santos[21] explica que a escolha histórica do pensamento crítico ocidental se baseia no que ele identifica como conhecimento-regulação. O autor propõe que todo ato de conhecimento vai de um ponto A, designado como ignorância, a um ponto B, designado como conhecimento. Na lógica de regulação, o ponto A chama-se caos, e o ponto B, ordem. Santos afirma que um dos entraves à possibilidade de uma teoria crítica é a primazia da lógica de regulação. A seu ver, no início do projeto de modernidade, com a ampliação do alcance da ciência e a descoberta e o intercâmbio entre diferentes povos, entre outros movimentos, estabeleceram-se duas possibilidades: além do conhecimento-regulação, também o conhecimento-emancipação, em que o ato de conhecimento leva do ponto A, chamado "colonialismo", ao ponto B, chamado "solidariedade". Portanto, a escolha do conhecimento-regulação é uma escolha histórica, e não uma possibilidade inevitável.

Ao entender a crítica sob o ponto de vista da regulação, como propõe Santos, a imagem de "crise" que se apresenta é a da dificuldade de impor ao âmbito geral o pensamento de determinado grupo. A crise seria não conseguir estabelecer as regras ideais, ou imaginar que elas existem, mas não são cumpridas por todos. Pode-se considerar que essa visão de crise tem se manifestado, em última análise, como a necessidade de lidar com os entraves criados pelo diverso para o estabelecimento dos planos próprios de solução e perfeição. Dessa forma, não constitui reconhecimento de inviabilidade sistêmica, mas muitas vezes a busca da impossibilidade como algo sempre externo, sem correspondência em seu círculo e, portanto, sem imposição e responsabilidade para além do que vem do outro.

---

21.   Boaventura de Sousa Santos, *A crítica da razão indolente: contra o desperdício da experiência, op. cit.*

Assim, ao buscar as possibilidades de pensamento crítico, urge também lançar um novo olhar para a noção de crise, uma vez que o binômio "crítica como valoração" *versus* "crise como impossibilidade de universalizar um pensamento" é inoperante para a criação de caminhos ainda não trilhados.

Para Santos, teoria crítica é toda teoria que não reduz a realidade ao que existe, mas que cria um campo de possibilidades e avalia a natureza e as alternativas em relação ao que é dado empiricamente. É, portanto, uma teoria de diferenças. A opção de privilegiar uma lógica que estabelece medidas de valor entre os diferentes, em lugar de pensar o intercâmbio de conhecimento, determinou a crença num sistema de soluções que possa dar conta amplamente dos estados de coisas. Santos acredita que, no atual cenário, grandes teorias gerais não podem ser operantes:

> O conhecimento-emancipação não aspira a uma grande teoria, aspira sim a uma teoria da tradução, que sirva de suporte epistemológico às práticas emancipatórias, todas elas finitas e incompletas e, por isso, apenas sustentáveis quando ligadas em rede.[22]

Em seu livro *A crítica da razão indolente*, publicado pela primeira vez em 2000, o autor já apontava o período corrente como um "tempo de bifurcação", expressão tirada do estudo dos sistemas: momento de crise em que uma alteração mínima, num sistema instável, pode causar reação desproporcional, colocando o sistema em estado de vulnerabilidade irreversível. Tal bifurcação pode ser percebida quando, por exemplo, um menor mata um transeunte que lhe nega uma moeda ou quando uma manifestação popular se transforma em luta aberta em determinado centro urbano. Essas são algumas das infinitas manifestações perceptíveis de uma situação irreversível, em que já não será possível fazer o mesmo caminho no sentido contrário nem utilizar modelos já testados para encontrar soluções. É um momento em que as equações de construção da história e as noções de conhecimento e progresso não são suficientes para vislumbrar soluções ou explicações; um "tempo de transição" e um tempo de repetições, no qual se encontram o indivíduo

---

22.   *Ibidem*, p. 31.

e suas inquietações. É necessário, pois, observar como a aceleração das repetições produz tanto a sensação de vertigem quanto a de estagnação, de um presente eterno, sem ligação com causas do passado nem possibilidades de evolução ou consequências no futuro.

Os valores considerados imutáveis e constitutivos, como gênero e nacionalidade, já não são definições fixas nem classificações preponderantes, pois perderam espaço para reconfigurações de identificação e novas formas de divisão e nomeação. Interesses de consumo, doenças em comum, possibilidades econômicas e outras características, escolhas ou contingências passam a ser determinantes em relações políticas e possibilidades de vida. O presente se encolhe, na emergência de se criar um futuro, ou, ao contrário, torna-se a repetição infinita de uma situação que não pode ser modificada ou pelo menos alterada para melhor.

Diante desse cenário, é possível pensar na emergência de um novo pensamento crítico, que reconhece explicações e estruturas de conhecimento além do conhecimento científico determinista e propõe uma transição: do conhecimento-regulação ao conhecimento-solidariedade.

"É preciso recuperar a capacidade de espanto", como diz Santos, assim como ampliar a circulação das experiências radicais e romper circuitos habituais, para criar novas perguntas. Além disso, segundo o sociólogo português, é preciso também superar papéis e discursos estabelecidos para criar novas relações, das quais surgirão outras. O objetivo não deve ser o consenso, o ajuste, nem mesmo o entendimento dialético, mas o reconhecimento do outro e da diferença, sem espaços ou posições preestabelecidos no discurso e na relação. Essa proposta ressignifica tanto as concepções e abordagens quanto os desejos de ação política. Trata-se da atualização de papéis e significados políticos, na busca de uma nova construção que, no entanto, não é dada nem tem ainda seu desenho completo; ela, na verdade, vem sendo engendrada no cotidiano, a partir dos desafios que surgem de seu próprio andamento.

Como possibilidade de geração de novos gestos e movimentos, dentro dessa circulação, Santos[23] propõe a ação com ciclâmen, pequenos movimentos de desvio que, ao longo do tempo, provocam uma guinada definitiva. Nesse circuito de ativações, a arte tem papel fundamental, e

---

23. Boaventura de Sousa Santos, *A crítica da razão indolente: contra o desperdício da experiência, op. cit.*

nessa revisão adquire potência o pensamento crítico, não apenas em arte, mas todo pensamento crítico. Os apontamentos, no entanto, não são desenhos acabados, uma vez que se habita exatamente o ponto de compressão, ou seja, contempla-se a crise sendo parte do processo. Dessa forma, as possibilidades de pensamento crítico são as de um pensamento de transição, relacionado à superação da concepção de regulação, da manutenção de regras e limites, tanto como ferramentas quanto como medida, para o exercício de um olhar aberto, o estabelecimento de diálogos e a investigação de possibilidades.

No caso da crítica de uma arte que deseja, ela mesma, tornar-se crítica nesse ambiente, pode-se lembrar a observação de Giorgio Agamben em *O homem sem conteúdo*: "Na arte contemporânea, é o juízo crítico que põe a nu sua própria dilaceração e, assim fazendo, suprime e torna supérfluo o seu próprio espaço"[24].

Agamben analisa a situação e os paradoxos da crítica da arte e chega à encruzilhada em que se encontra esse exercício, uma vez que a própria arte aponta a dissolução de seus cânones e dos papéis atribuídos a si mesma ao longo do tempo. Segundo o autor, a própria reflexão tem questionado seu papel, uma vez que as noções de conexão e interação podem se exacerbar a ponto de permitir a individualização de percepções e de entendimentos por parte do público, chegando ao esvaziamento da obra e de seus próprios sentidos, em favor da abertura dos processos e da primazia da leitura subjetiva.

Ao considerar essa reflexão, apresentam-se duas saídas. A primeira é a da crítica que se esvazia, buscando acompanhar a dinâmica de reforço dos dispositivos desse circuito contemporâneo de arte, e, portanto, se paralisa novamente após ajustar seus movimentos aos dispositivos em voga, mantendo-se na escada rolante, ou acima dela. A segunda é a que habita o espaço da crise, entendendo que a reprodução das linhas abissais e das fórmulas de regulação perde sentido, o que impossibilita vislumbrar um caminho que já esteja formulado ou ao menos sinalizado.

No ensaio "O que é o contemporâneo", Agamben[25] definiu contemporâneo como tudo aquilo que enxerga as sombras, incongruên-

---

24.   Giorgio Agamben, *O homem sem conteúdo*, Belo Horizonte: Autêntica, 2012, p. 89.

25.   Idem, *O que é o contemporâneo e outros ensaios, op. cit.*

cias e rupturas de seu próprio tempo, que se comunica com esse tempo pelo entendimento do que falta, ou daquilo que encara as lacunas. Buscar o olhar crítico contemporâneo, nesse sentido, é investigar a incerteza. Não se trata da crise que se pode reconhecer de imediato, mas da crise de não se perceber uma lógica possível. Prescindindo de expectativas e cuidados preconcebidos, trata-se de enxergar o centro do nó, e, ao mesmo tempo, enxergar a partir desse centro.

Arquivo (2015).

UM OLHAR DE CRISE PARA O TEATRO

Os tópicos seguintes propõem três eixos, chamados de eixos comunicativos, para a abordagem do espetáculo teatral, considerando a centralidade da percepção do espectador. Buscam caracterizar a transversalidade desses eixos e seus parâmetros, como pontos de vista para a criação de novas mediações.

Partindo da vivência do espectador e da copresença entre artista e público, no momento do espetáculo, como paradigmas para a construção de um conhecimento crítico – por meio da percepção e do olhar para o teatro, como comunicação, e suas mediações –, esta proposta admite o espaço como primordial nessa relação e a espacialidade como elemento fundante, considerando tanto os espaços e espacialidades simbólicos quanto os literais. Dessa forma, esses podem ser os condutores para principiar a abordagem sobre esse olhar comunicativo.

 Concebendo o espaço, suas constituições e seus usos como fatores fundamentais para a compreensão da vida e da sociedade, em suas dinâmicas, Michel Foucault destaca a importância de alguns entrelugares, que chama de *heterotopias*, nos quais são possíveis vivências além de seu espaço-tempo imediato, como um hospital, um cemitério, uma rodoviária ou um teatro. Para ele, é importante focar não apenas as utopias, os lugares ideais ou baseados em ideias acabadas, mas sobretudo as heterotopias, construções que não são ideais ou finalísticas, em forma ou função, que abrem espaços para embates e contraposições, para desejos e interrupções. Assim, o teatro seria uma heterotopia, onde é possível compartilhar experiências de natureza múltipla, onde podem conviver diferentes tempos e histórias, onde as percepções podem ser diversas e provocar deslocamentos. Nesse sentido, mergulhar na linguagem do teatro implica sobrepor vivências de realidade e história em relação ao que se apresenta em cena. Mais que um lugar, no entanto, o teatro pode ser apreendido como uma rede, uma oportunidade de vivência ampla e diversa, que se relaciona com o cotidiano não apenas porque o traduz, ou o reflete, mas porque faz parte dele, a partir de suas próprias redes de criação e circulação, constituindo esse ambiente complexo, propenso a aberturas.

 O teatro não se apresenta, então, apenas como um meio para a fruição de conteúdos e o entendimento de seu funcionamento, tampouco apenas como uma provocação. Ao invés disso, constitui-se como uma experiência de imersão na linguagem, em que o espectador vivencia, além das questões apresentadas na cena, seu próprio jogo em relação àquilo com o que lhe é dado conviver. É uma vivência do corpo no espaço que produz conhecimento com base nas relações estabelecidas. Essa ação, contudo, também se mostra mais complexa quando se entende o lugar do corpo nesse processo de comunicação, bem como a maneira como se estabelecem as relações com o ambiente, ou seja, de que forma a percepção e o conhecimento se constituem, à luz do que vem sendo compreendido nos últimos trinta anos, notadamente no cruzamento entre as ciências cognitivas, a filosofia e a comunicação.

Como aponta Christine Greiner, Paul Churchland[26] e outros historiadores da filosofia da mente consideram que, no Ocidente, a partir dos anos 1980, as teorias da mente incorporada (*embodied mind*) compreendem a cognição como teoria conexionista, ou seja, como a conexão entre os vários sistemas do corpo humano (límbico, nervoso, imunológico, sensório-motor), que operam em fluxo, e o ambiente. A relação entre os sistemas daria ignição para a cognição. Esse modo de compreender a percepção como uma ação (algo que fazemos, e não algo que nos acomete) impactou as pesquisas sobre filosofia, arte e estética.

De acordo com esses novos paradigmas, a vivência do espetáculo constitui-se como uma experiência de percepção, uma forma de produção de um conhecimento que, embora disperso, já que não apresenta localização precisa, é experimentado e construído no momento da relação. Para compreender essa proposição de produção de conhecimento na relação com o teatro, é preciso considerar que a percepção jamais é passiva, mas diz respeito a uma complexa rede de troca corpo-ambiente, o que inviabiliza a ideia de passividade do espectador. Cabe destacar que a experiência aqui considerada é a vivência do corpo, no sentido tratado pela teoria corpomídia, de Katz e Greiner[27].

A partir do reconhecimento de gestos e pensamentos expressos, bem como das mediações provocadas, o olhar é dirigido para as articulações possíveis diante desses desenhos e apontam-se possibili-

---

26. Paul Churchland *apud* Christine Greiner, *O corpo: pistas para estudos indisciplinares, op. cit.*

27. Cf. Helena Katz; Christine Greiner, "Por uma teoria do corpomídia ou a questão epistemológica do corpo", em: Christine Greiner, *O corpo: pistas para estudos indisciplinares, op. cit.*

dades, em busca de diálogo com o acontecimento da cena, que oferece uma visão das perguntas possíveis.

Essa potencialidade surge do entendimento do espetáculo ao mesmo tempo como mediação sígnica e acontecimento, gerador de percepções e inquietações. Dessa forma, o centro do pensamento crítico, na observação do espetáculo, desloca-se dos elementos de linguagem, das ideias e conceitos apresentados para as articulações suscitadas da comunicação com o público. Enfatizam-se os espaços abertos a configurações e redesenhos não determinados, com o objetivo de perceber de que forma podem ser propostos deslocamentos radicais e criadas vivências desestabilizadoras. Essa proposição de olhar pode ser chamada de comunicativa e política, não apenas por ressaltar as relações entre público e cena, mas também por destacar a importância dessa comunicação e a forma como ela se dá na compreensão do momento presente, conforme apontou Martín-Barbero[28] ao tratar da importância da autonomia da comunicação e das mediações impostas pelo capital diante das novas tecnologias que, a seu ver, viriam a modificar de maneira ainda indefinida os modos de comunicar e as práticas sociais.

Espetáculo como mediação e como interação

Lucrécia Ferrara[29] aponta a urgência de distinguir os termos "mediação" e "interação", muitas vezes utilizados como sinônimos, ao definir essa dinâmica entre dois elementos em comunicação. Propõe-se ir além de Martín-Barbero e compreender a cartografia híbrida que se constrói nesse novo ambiente, ou *bios*, cultural. Sem reduzir a questão à discussão de questões pertinentes aos meios tecnológicos, reconhece que

---

28. Cf. Jesús Martín-Barbero, *La educación desde la comunicación*, Bogotá: Grupo Editorial Norma, 2003; *idem, Dos meios às mediações: comunicação, cultura e hegemonia*, Rio de Janeiro: Editora da UFRJ, 2009.

29. Cf. Lucrécia D'Alessio Ferrara, *Comunicação, mediações, interações*, São Paulo: Paulus, 2015.

são esses mesmos meios que colocam em cena processos que suscitam a distinção entre mediação e interação, na medida em que clarificam as fronteiras entre dinâmicas em que os envolvidos estão em posições lineares, têm seus lugares conhecidos, no processo de comunicação, ou em outras em que a ambivalência e a mobilidade de direção podem ser a tônica.

Dessa forma, a autora observa que, ao configurar o espaço "entre", estabelecido pela mediação, é possível, por um lado, abandonar a situação de receptor passivo e a configuração extensiva de uma comunicação mediada, e, por outro, desenhar a comunicação que interessa a seu contexto ao aderir aos estímulos interativos não desenhados previamente. O que caracteriza a interação é, portanto, a escolha de caminhos não apontados, precisamente nos quais reside sua possibilidade de criar dimensões culturais inusitadas e complexas, e o que determina a urgência de seu reconhecimento como algo além da mediação. Obviamente, as distinções entre mediação e interação não são totalmente claras, e há fronteiras dispersas entre elas, mas a possibilidade criativa existe exatamente nesse borramento, no espaço em que os dois conceitos convivem ou se tocam, exigindo um olhar e um comportamento ainda não conhecidos. Um espaço, portanto, que pode passar despercebido ao observador apressado. Focar a percepção no contato com a obra permite ultrapassar as mediações, ampliando a produção de significados além do óbvio e do esperado.

Nesse sentido, propomos a definição dos elementos que podem ser chamados de "eixos comunicativos" para a análise da cena e a identificação de possibilidades políticas e de ativação, a partir das proposições de Safatle e de Santos, e da centralidade da comunicação no entendimento das dinâmicas de vida, à luz de Martín-Barbero.

O primeiro eixo surge do exercício da linguagem em relação ao espectador, na busca de deslocamentos e inversões das lógicas usuais; o segundo é constituído por imagens que podem criar incômodos e desestabilizações; o terceiro decorre da relação gerada pelos confrontos tangíveis, suscitados principalmente pela espacialidade e pelos embates da presença entre ator e público. Esses eixos indicam, portanto, a busca de desestabilização das lógicas e o foco na percepção; são, potencialmente, aberturas para capturar o espectador, capazes de criar conexões ativas e de encurtar determinadas ligações. Sob esses estímulos, é possível que o espectador se desloque da mediação proposta e percorra seus mapas, na direção da interação.

Os eixos comunicativos

A proposta de lançar um olhar comunicativo e político para o teatro visa privilegiar os movimentos que abrem portas para as trocas corpo-ambiente, suscitando, assim, relações que causam desestabilizações e estranhamentos, permitindo localizar a percepção como elemento central, e não passivo, dessa comunicação. Reitera-se o convite para que o espectador esteja consciente de sua própria presença e estabeleça relação com outras presenças e com o espaço de forma criativa. Corpo e ambiente estão envolvidos nos mesmos fluxos de informação, imersos numa rede resultante de processos evolutivos, predisposições (cognitivas, motoras, aptidões, aprendizados, emoções) que influenciam a relação. O contexto em que se dá essa relação também influencia esse ciclo, alterando a forma como se reage a determinadas informações (memória, ansiedade, características de onde se encontra e da atividade que está desenvolvendo etc.). O corpo altera a percepção do ambiente e o faz, efetivamente, em função do modo de estar nele.

Esta proposta também desloca o foco dos elementos formais e das ideias apresentadas e passa a buscar as articulações feitas com base nessa comunicação, isto é, a articular a percepção da relação no espaço, bem como os deslocamentos e as provocações trazidos pelos embates e encontros da presença do ator e do espectador. Obviamente não se trata de propor a dualidade entre forma e conteúdo, muito menos a desvalorização de conceitos, mas de estimular um olhar focado, que destaque a dinâmica de mediação e as aberturas para a interação. A questão é identificar os olhares para esses estímulos e lacunas que podem se abrir para o espectador a partir do contato com determinadas obras.

Considerando os argumentos propostos ao longo deste trabalho, esses eixos ajudam a identificar os desdobramentos e os desenhos possíveis – e não traçados –, os pontos de conexão e ativação potenciais de cada obra e quais mediações podem ser criadas pelo exercício crítico com base nesse encontro. Vale reforçar que as lacunas não indicam necessariamente aberturas criativas ou inovadoras, mas aberturas para percepções, inclusive das dinâmicas já conhecidas, sem a urgência de decisão e julgamento, contudo, mas com a capacidade de um olhar que desloque a vivência no momento em que esta acontece.

Os três eixos apresentados para a relação crítica com o espetáculo são transversais, propostos como ponto de partida para organizar os elementos de linguagem e a vivência que se apresenta ao espectador. Mais que partir de aspectos formais ou conceituais, esses eixos propõem localizar os pontos-chave da relação entre obra e público, da perspectiva da vivência política provocada, dos exercícios perceptivos e da capacidade de ampliar as desestabilizações. Dessa forma, não são características lineares nem de mesma natureza, mas são provocadores potenciais de inquietação, possibilidades performativas. A leitura do espetáculo é levada por esses eixos, provocando um deslocamento na direção do espectador no momento da apresentação, pois os processos são abordados à medida que se refletem no modo de comunicar.

Assim, mais que uma análise, trata-se de um diagnóstico de possibilidades, pois o que importa não são os significados apresentados, mas quais dinâmicas são capazes de criar associações ou provocações. A procura dos deslocamentos de lógicas usuais e da criação de imagens desestabilizadoras, bem como o foco na copresença e nas relações oferecidas pela espacialidade, está ligada à proposição de Santos[30] na busca de disseminar os incômodos, visando recuperar a capacidade de espanto. O operador cínico não permite que haja adesão imediata, mas apenas uma parada, uma suspensão, diante dos pontos de compressão, para que ele possa olhar como se dá a comunicação e avaliar quais questões de funcionamento serão explicitadas a partir de então.

Deslocamentos radicais e inversões das lógicas usuais

Vivências deslocadas pela linguagem do teatro permitem uma visão outra sobre questões cotidianas. Na posição de espectador, a percepção do indivíduo ocorre de um lugar diverso daquele que vive ou testemunha uma situação fora da mediação do teatro. No caso do espetáculo, a superposição, a simultaneidade ou a sucessão de significados e mediações estabelecem uma nova possibilidade: um ambiente que colabora com novos olhares para a mesma dinâmica, inclusive por meio

---

30. Boaventura de Sousa Santos, *A crítica da razão indolente: contra o desperdício da experiência*, op. cit.

da utilização de recursos para potencializar a vivência e o olhar, o que amplifica a capacidade de indignação e espanto. Essa concepção busca a complexidade nas relações da cena, as possibilidades de alteração nas dinâmicas entre corpo e ambiente, entre ator e público e entre o espectador e as próprias compreensões.

Uma das questões que marcam o momento atual é a noção do tempo. Martín-Barbero[31] explica que vivemos num tempo assimétrico, em que o presente se encurta cada vez mais na fruição de um futuro, referencial, que, de um lado, está por vir, mas que, de outro lado, não se tem garantia de que chegará, o que o faz permanecer imerso em dúvidas. Vive-se em função desse futuro paradoxal (ou definitivamente objetivo e evolutivo, para alguns) e de um passado que valora e qualifica o presente e que muitas vezes tem se tornado borrado, em virtude da dissolução das crenças e tradições que o fixavam. Todavia, o presente é também encurtado pela simultaneidade digital, que da mesma forma cria desvios do espaço-tempo presente – pois se pode estar ao mesmo tempo longe e aqui – e causa a sensação permanente de atraso, de falta, pela celeridade solicitada nas respostas digitais. O tempo livre e o tempo do sofrimento também se encurtam, na busca de uma felicidade ou de uma distração permanentes.

No teatro, o tempo também é uma dimensão fundante; e tempo e ritmo estão permanentemente em jogo, já que há forçosamente uma sobreposição do tempo da cena e fora dela, mesmo que coincidentes, numa vivência em "tempo real". Dessa forma, a organização dos tempos tem muito a dizer sobre a relação proposta com o momento atual, dotado de grande potencial de deslocamento. O tempo é linear ou acontece em saltos, em unidades irregulares? A relação do tempo é dada a perceber, é valorizada ou naturalizada na cena? Qual é a vivência oferecida? Abre-se, assim, a percepção dos ritmos da cena, de sua evolução e construção, e a observação de como o corpo é afetado por esses ritmos: como o corpo percebe os tempos e as pulsações do espetáculo e em que direção esse deslocamento pretende levar o espectador? Comumente, é possível que o espetáculo busque apenas oferecer a fruição de um ritmo não usual, o que abre possibilidade para outras reflexões.

---

31.   Jesús Martín-Barbero, *La educación desde la comunicación, op. cit.*

Das possibilidades (muitas vezes indefinidas, *a priori*) de construir as lógicas que permeiam os espetáculos, surgem as inúmeras maneiras de contar, que, precisamente por sua liberdade e pluralidade, constituem um elemento-chave para a percepção e discussão da comunicabilidade da obra. Não se trata de contar uma história, mas a pluralidade de narrativas propõe modos distintos de representar experiências. Cabe aqui observar a estrutura do texto (escrito ou não), a visualidade, o viés de interpretação ou da presença do ator, a escolha da direção e dos demais elementos que dizem respeito ao espetáculo, bem como suas formas de interação.

É oportuno também observar as vias de construção de conhecimento e de troca de informação, além das conexões e percepções privilegiadas. Assim como se prioriza um olhar para os tempos, as maneiras de contar voltam a atenção para os pensamentos a respeito da memória, de suas escolhas e modos cognitivos, e de suas possibilidades de organização, à medida que se manifestam no decorrer da cena. Assim, é importante destacar as redes formadas pela linguagem, pelas imagens, apenas pela presença do ator ou por sua falta; em suma: o que a obra comunica, mesmo que de maneira não discursiva (o termo *contar*, nesse contexto, não invalida essa possibilidade).

Cabem aqui as discussões a respeito dos processos de tradução e de apropriação do corpo em cena, dos processos criativos e de outros elementos em composição, relacionando-os com as discussões políticas a que estejam ligados, na lógica do espetáculo.

O uso e a presença tanto da tecnologia quanto dos recursos digitais também fazem parte desse tema, evidenciando a compreensão das lógicas atuais de construção das relações. A interação entre corpo e tecnologia ganha destaque por seu potencial de traduzir, pela inclusão de mediações tecnológicas, a discussão de situações outras que interferem em seu cotidiano, como as distâncias, as necessidades, as incompletudes e os excessos.

Pela natureza dos encontros que provoca, o teatro pode ser um espaço propício para a discussão das diferenças e o exercício de aproximações, possibilitando embates não literais, mas inquietantes, no uso de sua capacidade de expor o que muitas vezes fica escondido. Nele, o "eu" diz respeito ao contato e à aceitação do outro, as questões se modulam amplamente, já que se trata não apenas do reconhecimento de si mesmo e de seus limites, da convivência com pessoas próximas ou afins, mas também da aceitação do diferente, do estrangeiro insuportável e da discussão e percepção de sua situação como colonizador ou colonizado. Desse modo, a vivência do teatro tem potencial para expor e problematizar essas questões, tanto na construção política do espetáculo quanto na incorporação de mestiçagens e hibridismos em sua linguagem. Nesse sentido, perceber a linguagem não se restringe a avaliar onde seus elementos nos levam, mas também como nos conduzem ao longo desse caminho.

Geração de imagens desestabilizadoras

O segundo eixo parte da ideia da criação de imagens desestabilizadoras como elementos na recuperação da "capacidade de espanto", como propõe Santos – a possibilidade de se indignar e de, ao longo do tempo, obter mudança nos mapas já traçados. As imagens que desestabilizam são aquelas dotadas de força performativa – capazes de deflagrar uma ação, aquelas que trazem a noção do risco, seja um risco distante ou potencial, seja a constatação da catástrofe ou da precariedade –, imagens potencializadas do cotidiano, a materialização representativa, ou metonímica, de angústias e ameaças presentes.

A criação dessas imagens não se dá necessariamente por uma visualidade impactante, mas por suspensões ou choques que de alguma forma afetam a percepção. Essas imagens alteram o sistema a ponto de adquirir certa taxa de permanência, podendo tornar-se, em si mesmas, um acontecimento com reflexos fora do contexto em que foram geradas e vivenciadas. A criação de imagens também pertence ao universo dos deslocamentos, porém de maneira mais radical, pois traz desestabilização crítica, toca (além do habitual, já capturado pelos dispositivos) e demonstra intensamente as rupturas, as fragilidades ou incoerências, os embates radicais decorrentes de nossos modos de vida.

Giorgio Agamben[32], entre outros autores, considera que a composição da obra deixa sempre um espaço aberto, um conjunto de possibilidades de leitura que vai além das intenções e visões do autor,

---

32.   Giorgio Agamben, *Profanações*, São Paulo: Boitempo, 2007.

um espaço a compor a partir do encontro com o público no momento da leitura dessa mesma obra – um espaço de criação que se constitui onde o autor não pode alcançar. Discorrendo sobre os dispositivos, ele nos apresenta o que também chama de "aberto" – da eliminação dos dispositivos, surge, por um lado, o tédio, a impossibilidade de contato; e, por outro, o aberto, o espaço possível de contato direto entre o vivente e o ente, espaço este pronto para ser povoado. Podemos entender que o espaço aberto da obra, no encontro com o aberto acessado pelo espectador, é o que pode constituir a oportunidade real de novas construções. Caso a experiência possa ser efetivamente desestabilizadora, proporcionando ao espectador um momento de acesso ao aberto, as construções surgidas no encontro com a obra tendem a ser profanadoras.

Nesse sentido, Santos aponta a importância do reconhecimento das diferentes formas de violência, que eventualmente passam despercebidas ou não causam impressão, por seu excesso de presença ou intensidade, já incorporadas.

Uma imagem de violência ampliada geralmente confere determinado grau de agressão. Isso pode se dar, no entanto, de maneira irônica ou enfraquecida, oferecendo a desestabilização pela negatividade ou apresentando como verdadeira violência essa normatização e incorporação desses mecanismos de agressão ou de falta. Seja como for, a presença de uma relação violenta costuma implicar o exercício de desigualdades ou de hábitos perversos, muitas vezes impensados, ou não intencionais, mas não raro também propositais, como forma de sujeição ou controle.

Ao tratar da violência em cena, a copresença leva a incluir também a discussão ética em torno da vivência do próprio artista – o corpo que representa e experimenta – e de sua posição em relação ao público, quando pertinente. Automutilações ou ferimentos, o uso de alteradores de consciência como facilitadores de ações-limite, agressões ou comportamentos constrangedores e invasivos em relação ao público, exibicionismo e outras questões colocam-se eventualmente em jogo – embora não seja o caso, entre esses exemplos –, ampliando o campo da discussão crítica. Incluem-se aí as questões relativas à produção da vertigem e do abjeto na busca de uma fruição estéril, embora contundente.

A espacialidade e os embates da presença

A espacialidade, na relação espetáculo-espectador, pode ser compreendida como operadora de mediação e negociação. Configura-se como ação do espaço, que também não é passivo, mas constitui-se como um sistema sígnico dinâmico. A partir das tessituras e construções do teatro, que extrapolam o texto como centralidade única, a espacialidade, ou ação do espaço, representa uma vivência que ultrapassa a simples determinação dos locais da cena e posições na sala. Transforma-se numa negociação processual dos limites entre ator e espectador com aptidão para interferir no perfil dessa relação. A discussão do espaço incorpora questões que se apresentam à própria natureza da cena e ao indivíduo (artista ou plateia) imerso na situação que põe à prova as questões da visibilidade do outro (sujeito ou instituições) e de sua interferência na vida e no espaço comum, em estado de disputa ou compartilhamento. Ferrara[33] propõe também a espacialidade como algo "entre" a comunicação e a cultura, ou como a possibilidade de compreender sua transformação em lugar social, em que se abrem suas dimensões históricas, sociais e cognitivas. Quando o foco é a vivência, é essa complexidade que garante a potência da negociação entre espetáculo e espectador. É a espacialidade complexa que possibilita ir além da mediação e permite espaços de interação do espectador com a relação proposta.

Nessa condição em que a relação se afirma como experiência, o palco deixa de ter caráter metafórico-simbólico, em que a observação é idealmente feita a distância mediana, como aponta Lehmann[34]. Tal distância permite uma relação de espelhamento e identificação das imagens, construções e proporções com seus equivalentes do mundo "real" para a apreensão dos significados propostos. A espacialidade cênica pode ganhar uma dimensão metonímica, em que a parte pode ser tomada como todo, ou o todo como parte. Ficam borrados os limites entre sua dimensão real e ficcional. Esse espaço não é uma porta para um mundo fictício, mas um recorte, numa relação de contiguidade entre o mundo e o teatro.

---

33. Lucrécia D'Alessio Ferrara, *Comunicação espaço cultura*, São Paulo: Annablume, 2008.

34. Cf. Hans-Thies Lehmann, *Teatro pós-dramático*, São Paulo: Cosac Naify, 2007.

A relação com o espaço não se dá pela apreensão do que ele pode demonstrar como significado, mas pela experiência que ele medeia. Além disso, o entendimento da ação no espaço como mediação é ampliado pelo sentido da espacialidade expandida, contemplando uma tangibilidade que ultrapassa aquela proporcionada pela organização do espaço, mas que incorpora toda a natureza de ação que influi na relação entre os corpos, na cena e na plateia.

Desse modo, não se trata apenas de perceber as mediações suscitadas pelas organizações de espaço além do convencional, mas de entender como, em determinadas montagens, as ações no palco interferem na relação entre as presenças, ou seja, quando elementos que não diriam respeito exatamente à espacialização despertam embates que tocam o corpo, como o convívio entre ator e espectador no compartilhamento do ambiente da sala, de maneira a trazer novos mapeamentos nas relações palco-plateia. As formas de sujeição e de enfrentamento extrapolam a concepção de discursos simbólicos de poder em construções verbais, literárias ou institucionais e passam à disputa direta do espaço, redefinindo conceitos, como o público e o privado, o próprio e o estrangeiro, entre outros.

Por princípio, esse exercício parte da percepção da obra, e de si mesmo, em contato com os estímulos e as mediações gerados a partir dela.

Trata-se de buscar no próprio espetáculo, e em relação a ele, as possibilidades de inquietação, de reconhecer as mediações e procurar espaços de interação. O olhar cínico, nesse contexto, exige um momento de parada para firmar o foco na própria percepção, nos contextos e na própria cena.

Elege-se o olhar comunicativo, pois, para entender os funcionamentos além das ideologias ou das instrumentalizações, convém mirar as relações e os dispositivos, mais que os discursos e os conceitos, cuja efetividade e pertinência têm se relativizado, sendo essa uma premissa do cinismo como operador. Por se descolar das explicações imediatas e das correspondências e filiações de pensamento já dadas, pode observar novas conexões e ligações não óbvias entre os discursos e interagir com o pensamento do espetáculo, criando observações críticas. Entendendo a natureza da crise que se coloca, não propõe ação, mas constata as possibilidades de escape. Seu exercício retórico, de construção em torno do objeto artístico, pode abrir perspectivas de fruição que privilegiem as lógicas de emancipação para que as lógicas de vida, nesse exercício, sejam submetidas a outros ângulos de discussão e sejam desnudadas de forma imprevista, como resultado desse olhar que não busca conclusões definitivas nem classificações, mas conexões.

A abordagem comunicativa da *performance*, conforme proposta aqui, visa contribuir para a discussão dos novos hábitos e novas configurações das relações políticas, estimulando o público a traçar seus próprios mapas, diante das possibilidades criadas pelo foco na percepção. Entre outras possibilidades, uma proposta criativa de abordagem pode incluir a oferta de informações sobre rituais e ferramentas da linguagem, a valorização da autopercepção no momento da relação com a obra, a busca, e ao mesmo tempo o testemunho, das interações criadas pelo papel proposto ao público pela encenação ou, ainda, a compreensão das ocupações no desenho da localidade do evento. No entanto, a questão que se apresenta é a procura de um sentido inabitual para o exercício crítico, em busca de novas perguntas.

O teatro tem proposto a ação performativa, a possibilidade de criar inquietação e desestabilização ou de construir discursos estéticos que impliquem o deslocamento das lógicas sensíveis habituais. Em última análise, exercícios de percepção, que se organizam como experimentações políticas. Com a perspectiva de deslocamento dos eixos de condução do espetáculo para além da primazia do texto, vêm sendo construídos novos desenhos e estruturas nos quais a cena se apoia. Assim, o ponto de partida para a relação com a obra é o entendimento desses esquemas de sustentação e desenvolvimento, que conduzirão a experiência. Então será possível identificar os espaços comunicativos que criam deslocamentos, ou seja, quais elementos do espetáculo, em sua forma de configuração, podem tanto criar desconfortos ou estranhamentos quanto trazer vivências provocadoras. A luz, o encontro do ritmo do texto com o movimento do ator, a forma de interpretar que causa estranhamento, os encontros e situações aos quais o espectador é exposto num espaço alternativo, são infinitas as possibilidades que, no jogo da cena, em vez de fornecer soluções ou explicações rápidas, criam lacunas, não colocam tudo no devido lugar, em favor da moral da história, por exemplo. Trata-se de descobrir, em cada obra, quais foram as oportunidades apresentadas.

Esses espaços constituem uma interseção entre o processo de criação, que resultou num discurso ou num percurso de proposição para vivência, e o espectador, que vivencia e testemunha o processo. Dessa forma, é possível considerar que a potência do processo e a potência da vivência se encontram nesse ponto de virada.

Grande sertão: veredas (2017).

VIVÊNCIAS COMUNICATIVAS:
testando escritas do outro

As próximas páginas apresentam textos escritos a partir da percepção e da vivência do espetáculo, a partir dos eixos comunicativos propostos e do olhar para um pensamento de crise.

Diante do proposto até aqui, pode-se, é claro, buscar uma abordagem crítica baseada nos elementos da relação com a obra artística muito além de seu conteúdo ou formato em cena. Toda a rede envolvida nesse acontecimento pode ser encarada de forma a expor suas crises, mesmo que se trate de experiências alinhadas com formatos habituais e lógicas até desgastadas, havendo nesse próprio reconhecimento uma via crítica, não obstante todas as limitações iniciais.

No entanto, aqui nos interessam experiências em que a linguagem também se propõe trazer desafios e inversões, sendo mediação e provocação, além de tornar possível demonstrar a viabilidade da discussão a partir dos eixos comunicativos apresentados. Trata-se de trazer parâmetros para a análise e a discussão do teatro pela via da comunicação e da mediação suscitadas pela espacialidade, pela inversão das lógicas usuais de compreensão e comunicação e por sua capacidade de provocar deslocamentos – isso diante do exercício de buscar a crise possível e ativadora presente na linguagem do teatro atual e na pesquisa da linguagem e de enxergar no próprio exercício de criação as mesmas inquietações.

Como construção e experiência estética, certos espetáculos abrem espaços e indicam caminhos para discutir inquietações determinantes na abordagem do presente, para a busca de um estranhamento e a sugestão de uma cartografia cotidiana – percebida e transpirada pela arte –, que podem estimular a noção e o exercício do pensamento crítico. Sob esses estímulos, serão abordadas dinâmicas de visibilidade e invisibilidade, ação e inoperância, agenciamentos de soberania e os modos de vida, apontando sintomas e leituras para realimentar o olhar sobre a viabilidade de pensar criticamente no atual momento.

A discussão é apresentada em três blocos, embora nenhuma das abordagens seja estanque. Mais do que delimitar temas, essa divisão busca relacionar os espetáculos apresentados com algumas das múltiplas formas de reconhecimento das crises da atualidade.

No primeiro bloco, "O estrangeiro e o íntimo: o cotidiano como inviabilidade", são discutidos os espetáculos: *Isso te interessa?*, da Companhia Brasileira de Teatro (Curitiba); *Braakland: terra esquecida*, da Cie Dakar (Países Baixos); e *Os efêmeros*, do Théâtre du Soleil (França).

No segundo bloco, "A (im)possibilidade de contar e a (in) capacidade de perceber", as obras *Manifiesto de niños*, do El Periférico de Objetos (Argentina); o Projeto *Jogos de cartas*, do diretor Robert Lepage, da companhia Ex Machina (Canadá); e *Arquivo*, do coreógrafo Arkadi Zaides, bielorrusso residente na França, trazem as questões sob o foco da violência e as formas de narrar, entre outras.

No terceiro bloco, "Do enfrentamento e da recusa – construções sobre o inexorável (ou da decadência e da catástrofe)", estão: *Sobre o conceito de rosto no Filho de Deus*, da Socìetas Raffaello Sanzio (Itália); *The Old Woman – A velha*, com direção de Robert Wilson (Estados Unidos) e *Grande sertão: veredas*, de Bia Lessa (Brasil).

São questões que se relacionam à discussão do indivíduo diante das pequenas ou imensas crises cotidianas que, especificamente, deixam de ter respostas imediatas ou conhecidas, pois estão intimamente ligadas à dissolução de aspectos da vida que, apesar de sua emergência, continuam a ter como referência modelos de enfrentamento insatisfatórios. Não obstante seus claros sinais de colapso, continuam a gravitar entre a solução consolidada e imóvel, ou uma ruptura desamparada, não percebendo saídas além de cada um desses extremos. Em outros termos, o caminho costuma ser de separação e não de solidariedade, de afirmação e não de flexibilidade. Em última análise, trata-se de questões que exigem um olhar renovado, o que nos leva novamente à necessidade de mirar a crise por outro ângulo, ou antes, de dentro do nó.

Para efeito desse exercício, a busca e o estranhamento do espaço entre si mesmo e o outro, a violência contida nas narrativas, e a inviabilidade de compartilhá-las, assim como a deflagração das relações-limite, inclusive com indivíduo-ambiente, podem representar outra forma de encarar a crise e a inviabilidade que, neste ponto da curva, pode ser a saída crítica.

Isso te interessa? (2012).

O ESTRANGEIRO E O ÍNTIMO:
o cotidiano como inviabilidade

Nos espetáculos discutidos aqui, a espacialidade e a copresença ator-espectador colocam em discussão as questões da aceitação e da percepção da alteridade. Além disso, o entendimento da ação no espaço como mediação é ampliado pelo sentido da espacialidade expandida, é contemplado pela tangibilidade que vai além daquela proporcionada pela organização do espaço, e incorpora toda a natureza de ação que influa na relação entre os corpos, na cena e na plateia. Portanto, não se trata apenas de perceber as mediações suscitadas pelas organizações de espaço além do convencional, mas de entender como, em determinadas montagens, as ações no palco provocam interferência na relação entre as presenças; em outros termos, quando elementos que não dizem respeito exatamente à espacialização despertam embates que tocam o corpo como convívio entre ator e espectador no compartilhamento do ambiente da sala, de forma a trazer novos mapeamentos nas relações palco-plateia.

Em *Braakland: terra esquecida*, da Cie Dakar (Países Baixos), o espetáculo acontece em um amplo espaço aberto e é acompanhado pelo público a cinquenta metros de distância. Salta aos olhos a questão das referências, que determinam a capacidade de observação e de julgamento, reforçada pela distância e por outros deslocamentos que denotam a falta de contato, a impossibilidade de interação afetiva. Sem conhecer contextos, detalhes e sentimentos envolvidos nas ações executadas por personagens que estão distantes, que não dão pistas de motivações ou desejos, como entender, como julgar e se posicionar a respeito do que se vê?

Já em *Os efêmeros*, do Théâtre du Soleil, o foco é a proximidade e o acolhimento. As cenas, ricas em detalhes, acontecem na atmosfera de acolhimento, característica da companhia, numa espacialidade que desnuda a maquinaria e denota o caráter passageiro das relações. Tudo leva ao pequeno e ao centro, e a tônica da dramaturgia são encontros que seriam quase inviáveis – encontros com o diferente ou o que está afastado.

Nessas duas montagens, a construção do espaço, como cenografia e como organização do local, é determinante para a performatividade da cena.

Em *Isso te interessa?*, da Companhia Brasileira de Teatro, as questões da inviabilidade e do estranhamento são apresentadas pelas relações no palco. Embora a relação espacial seja a do palco italiano, ou semelhante, há deslocamentos que atravessam a percepção do espectador para além da observação do que se passa em cena, tornando a copresença um relacionamento político para além do que seria habitualmente determinado pelas posições na sala de espetáculo. Várias gerações de uma família se sucedem, em relações cristalizadas, dinâmicas repetitivas de convivência e de vida, e assiste-se a essas cenas do mesmo ponto de vista, no cenário confinado da sala, ao longo do tempo. No entanto, os atores estão nus, e esse curto-circuito, de presença forte e íntima, apesar de distante e no interior de dinâmicas de vida limitadas, leva à discussão da proximidade, da prioridade, da forma de vida num mundo que desenha mapas em demasia. Afinal, o que tudo isso interessa?

Esses espetáculos desenham um panorama na discussão do reconhecimento do outro, a partir das vivências políticas suscitadas pela cena, em relações que se contrapõem, abarcando diferentes possibilidades de questionamento a partir das mediações distintas que apresentam.

Braakland: terra esquecida

Braakland: terra esquecida, baseada em contos e personagens do escritor sul-africano Joe Coetzee, foi criada em 2004 e estreou nos Países Baixos por ocasião de um encontro para tratar desse autor e sua obra. A Cie Dakar foi fundada em 2001 pelo ator Guido Kleene, que mora nos Países Baixos, mas nasceu no Senegal, onde viveu a realidade da criança branca e rica numa vizinhança pobre e negra. Segundo ele, essas referências são determinantes no trabalho da Companhia.

A diretora Lotte van den Berg se baseou em improvisação, fazendo aos atores perguntas sobre seus sentimentos em relação à morte e à solidão: o processo começou com ideias e perguntas pessoais, trabalhando o paradoxo de como aceitar a morte e, ao mesmo tempo, lutar contra ela. Segundo a diretora, durante os ensaios, sua cadeira foi ficando cada vez mais distante.

No início do espetáculo, o público segue, por algum tempo, reunido, a pé ou de ônibus, para o local da *performance*: um espaço descampado, em que há uma arquibancada. O espetáculo acontece independentemente das condições do clima. Depois de algum tempo em silêncio, um homem surge de longe. Caminha e senta-se no chão, arrancando um pouco de mato, sem se relacionar com a plateia distante. Uma mulher junta-se a ele. Permanecem um tempo lado a lado, talvez um casal, mas apenas ficam ali, até que se separam. Pode-se, no entanto, afirmar se houve ou não alguma relação afetiva entre eles?

Outras figuras surgem aos poucos, de todos os lados, cruzando o campo aberto, sem expressões definidas. Apenas andam e executam ações simples, esquemáticas: cavam, carregam ferramentas e objetos. Não interagem e, em geral, não se reconhecem. Um homem cai subitamente. Morto. Os outros vão até ele e o despem, levando todas as suas roupas e objetos e o abandonam nu. Mais tempo. Um homem aborda uma mulher e a violenta. Depois, ambos se afastam. Ele volta a cavar, ela se lava com um balde e um pano, depois segue.

Outras ações se sucedem, na mesma atmosfera. Em determinado momento, entra uma mulher vestida com trajes mais formais. Carrega uma bolsa, e suas roupas não se identificam com aquele grupo. Ela aborda uma e outra pessoa. Os primeiros não lhe dão atenção. Outros a despojam de seus pertences. Então, ela passa a fazer parte daquele lugar e pouco a pouco passa a se comportar como os outros. O tempo transcorre, e dois homens brigam por um pouco de madeira. Um deles mata o outro e o joga num buraco. O primeiro será morto a pauladas por outro homem que chega. Todos vão se aproximando aos poucos, matando-se entre si e lançando os corpos no buraco. A última, a mulher que possuía uma bolsa, também se atira no buraco. Termina o espetáculo.

No momento dos aplausos, quando os atores saem do que imaginamos ser um buraco ou trincheira, reina certa perplexidade. O que se viu foram fatos, ações, mas desprovidos de significado e de sentido. Não são oferecidas explicações. A uma longa distância, como a imposta à plateia, não há certezas, apenas suposições. Após os aplausos, a companhia convida todos para um copo de vinho, numa mesa comum. Uma das mais fortes impressões do espetáculo é a noção da impossibilidade de julgamento ou de conclusão. A distância impede a empatia, uma vez que não são tentadas outras estratégias para criar essa ligação. Curiosamente, alguns comentários na plateia após a *performance* repetiram-se também numa pesquisa pela internet em *blogs*: impressões como "a mulher branca, intrusa, foi alijada de seus pertences" e, sobre a mesma cena, "a única que não está entregue, a mulher tenta se comunicar, chamar os outros à vida". São imagens e sensações que se sobrepõem e completam a informação a partir de referências internas, aproximando as conclusões segundo as identificações pessoais. Não é esse exercício, no entanto, que nos afasta da primeira discussão: a contemplação de corpos que vagam executando ações de vida e morte, de alguma forma, identificados apenas com o lugar que ocupam. Trata-se de um lugar sem função, no qual se permanece apenas enquanto é possível.

Os personagens exercem uma existência, movem-se em função de necessidades imediatas. Os encontros só acontecem com objetivos utilitários e geram situações-limite. Esses encontros, no entanto, não resultam em mudanças ou transformações. Chegam ao limite, mas não o ultrapassam. Vivem no limite, o que, de certa forma, elimina sua característica extrema. O único limite real é a própria morte, já que a morte do outro passa a ser uma contingência.

O que o espetáculo oferece, além de qualquer entendimento ou busca de significado, é a experiência de reconhecer existências como aquelas. A vivência de perceber essa realidade e de observá-la à distância, sem contato efetivo, convivendo, no entanto, sob a mesma moldura – infinita, ou inexistente. A cena, de dimensões cinematográficas, não oferece delimitações nem se separa da plateia, a não ser pela distância. Essa espacialidade constitui o que Lehmann[35] classifica como "espaço centrífugo", que dirige o olhar não para o palco, como uma perspectiva, mas o expande, criando um movimento que sempre se refere ao externo, ao ilimitado. Uma construção que favorece o afastamento dificulta a empatia e espreita, no limite, a extinção dessa possibilidade.

A plateia, inserida então no mesmo espaço, não pode retornar sozinha, pois não teve a referência do caminho. Ocupa apenas outro lugar, no mesmo contexto. Quanto aos personagens, as finalidades imediatas parecem situá-los. Como afirma a diretora Lotte van den Berg, vivem uma realidade simplificada, mais segura, por viver apenas o presente:

> [...] em *Braakland*, mostramos pessoas vivendo sem resistência. Pessoas que simplesmente caem quando sua hora chega. Pessoas que pararam de lutar. Pessoas que não entendem o valor da vida; ela dói. Talvez nossa grande angústia não seja o medo da morte, mas o medo da futilidade da vida.

---

35. Hans-Thies Lehmann, *Teatro pós-dramático, op. cit.*

Em *Braakland* o medo é tornado palpável; não para agredir ou desdenhar, mas para dar conforto.[36]

Estas são angústias do ponto de vista de quem ocupa o palco; no entanto, essa convivência permite a percepção de quem observa o que não pertence, em princípio, a seu círculo. Quem são os seres distantes e invisíveis tocados apenas pelo olhar, no dia a dia? De que forma as diferenças nos modos de vida, e nos lugares sociais e identidades manifestas, inviabilizam qualquer possibilidade de identificação? Que real conhecimento do outro a informação de contexto nos permite? Como construir conhecimento pertinente nos níveis de distâncias que nos são impostos em relação a determinados outros?

Os efêmeros

O trabalho do Théâtre du Soleil, *Os efêmeros*, busca a aproximação. O espectador é convidado a observar cenas intimistas, a mirar um recorte cujo alvo são as histórias pessoais e o trabalho detalhista dos atores. A peça procura focar as emoções e a evolução das histórias e das relações através do tempo; ela convida o espectador a observar, a se identificar, se distanciar, a rir e se entristecer com cada cena, sem, no entanto, perder a referência do espetáculo, da maquinaria, dos recursos teatrais de cada cena, do contrarregra à maquiagem. As cenas tratam de diferentes níveis de aproximação e diferença. Durante todo o tempo estamos em contato também com os maquinistas, que manipulam os cenários:

Quem são os efêmeros? Os efêmeros somos todos nós, os seres humanos.[37]

---

36. Lotte van den Berg; Guido Kleene, *Braakland* (*Wasteland*), disponível em: https://compagniedakar.wordpress.com/2013/02/18/braakland/, acesso em: 2 jan. 2022.

37. Ariane Mnouchkine no programa do espetáculo *Les Éphémères*, em 2007, no Sesc Belenzinho.

A 25ª montagem do Théâtre de Soleil enfatiza cenas cotidianas de pessoas comuns, buscando a dimensão que essas experiências adquirem na vida de cada um, sendo muitas vezes decisivas, ou irreparáveis. O espetáculo é dividido em duas coletâneas de 30 episódios, exibidas com intervalo, totalizando cerca de sete horas e trinta minutos. As 29 histórias de personagens distintos podem ser vistas em sessão única ou em duas partes. A direção é de Ariane Mnouchkine, com música de Jean-Jacques Lemêtre. Vale ressaltar que os espetáculos do Théâtre du Soleil contemplam a importância do texto e da interpretação, além da construção da cena. Para Mnouchkine, o ator é um mensageiro de signos, e o personagem, antes de tudo, mensageiro da narrativa.

Desde 1970, o grupo ocupa um galpão na Cartoucherie de Vincennes, antiga fábrica de cartuchos para armamentos, nos arredores de Paris. Esse espaço se transforma conforme as necessidades de cada montagem. A sala é aberta uma hora antes da função, e o espectador escolhe e marca seu lugar na plateia. Feito isso, pode comer e beber, em mesas coletivas, conhecer as publicações da companhia e circular pelos camarins. O público é acolhido desde a chegada, percorre o espaço dos camarins e é convidado a comer e beber nos intervalos, a desnudar a maquinaria, numa troca da sedução velada do palco para uma convivência com papéis definidos, que busca valorizar a cumplicidade entre a companhia e o espectador, colocada aqui com foco afetivo.

O espetáculo acontece num corredor central entre as arquibancadas, posicionadas frente a frente. As cenas se sucedem sobre plataformas com rodas, que passam pelo espaço e ali permanecem apenas durante o tempo de sua duração. Cada plataforma, no entanto, é um palco com adereços e objetos realistas, espaço para que os atores tragam personagens muito humanos, algumas vezes flertando com a máscara, ao retratar comportamentos mais caricatos, como o da idosa que se acredita grávida, ou mais sutis, como a da travesti que comemora o aniversário na companhia da pequena vizinha. São amores, desencontros e pequenas manias que constroem um mosaico de humanidade. É um espetáculo que se propõe falar sobre a bondade, no qual esse sentimento se manifesta e perpassa as relações e os acontecimentos.

A experiência constitui um exercício de foco: foco no presente, no papel de cada um e no seu lugar naquele momento, na cena e nas histórias contadas. O público é convidado a perceber onde e com quem está, assiste à construção do ritual que resultará no espetáculo e participa dela, e os encontros, as informações e as sensações o conduzem a manter o foco no instante corrente. A função é construída diante dele, embora seja apenas um momento específico de uma história maior; porém é seu momento, diferente de todos os outros por isso.

As cenas repletas de detalhes e delicadas atraem o espectador como numa espiral, que o leva a buscar o pequeno, o interior: casas com objetos naturalistas, porta-retratos, xícaras, lenços, portões de ferro trabalhado separando jardins com floreiras e grama, livros e papéis sobre as mesas. Personagens peculiares, com gestos ricos e manias únicas, vozes características, olhares cúmplices e sussurros, tudo isso atrai o espectador para o detalhe, sem, no entanto, permitir que ele se desligue das grandes proporções do palco e das arquibancadas que mostram o público à sua frente e, simultaneamente, o mantêm próximo dos demais ao seu lado, abaixo e acima. A alternância das plataformas, empurradas pelos atores da companhia, que se revezam como contrarregras, também obriga a escolha a ser feita a cada momento, pois esse movimento não permite esquecer o entorno, além de remeter à passagem do tempo, que dá saltos ou evolui lentamente, no contexto específico de cada história e em seu conjunto de cenas intercaladas com outros fragmentos de histórias.

A espacialidade centrípeta conduz a percepção para o centro e para o fundo da cena, conferindo uma dinâmica de atenção em espiral. Também não é um palco dotado de moldura, que delimita o que é externo a ele, mas procura indicar sempre a presença do que está "fora" da cena. Dessa forma, propõe a experimentação da escolha como marco do estranhamento. A interpretação e o texto, assim como os objetos e a visualidade do cenário de cada plataforma, conduzem à emoção. Esse jogo de identificação e estranhamento acrescenta outra dimensão da experiência, que permite entender essas duas possibilidades e assumir a condução do jogo ou o deixar-se conduzir.

A noção subjacente à experiência de *Os efêmeros* é a da relação com o tempo, a questão do presente e da permanência, a percepção e a discussão da fragmentação, na medida em que o detalhamento e a fruição desse fragmento criam a relação com o outro, que veio ou que virá, e com o qual formará uma história. Apesar da longa duração, a estética e a estrutura do espetáculo não favorecem escapes nem para a divagação, como acontece com as longas pontuações de Bob Wilson, nem para a abreviação da sensação. Seja pelos tempos e ritmos da cena, pelo diálogo constante com o entorno, seja pela poética do texto e da interpretação, a duração é percebida sem mascaramento: não é explorada como incômodo, mas como valorização.

O espetáculo aponta para uma possibilidade de reconhecimento do outro pelos sentimentos em comum, pelo bem e pela solidariedade. Evoca um arcabouço comum ao humano, que viabiliza a convivência. Apesar dessa proposição, é impossível anular o contexto, os mecanismos que conduzem o espetáculo: as plataformas e os operadores. O contexto garante a manutenção dos movimentos e sustenta os cenários. Há algumas regras para operá-lo: os contrarregras estão vestidos de preto. Se há uma diferença primordial que garante a qualidade do espetáculo, de que forma é possível sustentar a diferença e a solidariedade em paralelo?

Em geral, pode-se suportar o diferente com mais tranquilidade a distâncias definidas – o muito distante, como em *Braakland*, ou o muito próximo, como em *Os efêmeros* –, mas isso conduz a outra reflexão, inapelável: como lidar com a proximidade que ultrapassa o controle?

Quando se está distante o suficiente, pode-se tentar entender o contexto e ter contato com imagens e informações que permitem apreender de alguma forma, mesmo que parcial ou distorcida, as representações, mimetizações ou reverberações do fato. É possível elaborar, de algum modo, aquela presença a partir de conceitos próprios ou apropriados. Uma presença que não nos toca; em última análise, uma presença simbólica ou representada. Essa elaboração não simplifica a apreensão apenas de questões extremas, mas configura tanto a aproximação cotidiana quanto a percepção de valores e sua tradução, que acaba se fazendo como leitura sob os paradigmas já conhecidos, e não como identificação de novos modos de compreensão.

Já de mais perto, no convívio afetivo, apresenta-se a possibilidade de separar o outro como indivíduo especial, de escolher envolver-se com aspectos determinados, de lançar olhares mais íntimos que a visão de um grupo preconcebido em imagem. É possível ajustar a percepção do outro a sua capacidade de contato, dar e oferecer particularidades que podem aproximar ou afastar, e que, em última análise, constituem um ajuste aos paradigmas já conhecidos.

Mas há uma proximidade em que o modo de vida do outro tem potencial para interferir no meu cotidiano, em que se convive e se disputam os mesmos espaços? E quando essa convivência acontece sem a possibilidade de controle ou anulação dessa aproximação, como apreender e assimilar esse contato? Processos como o de inclusão para a exclusão[38] e as dinâmicas de imunização[39] podem ser entendidos como um ajuste de espaço e visibilidade, um encarceramento que visa limitar o contato efetivo e os riscos da convivência.

Em *Os efêmeros*, a oportunidade de aproximação transforma os envolvidos. Na discussão da aceitação do diverso, cabe perguntar de que maneira essa abertura poderia interferir numa reconfiguração sistêmica, quais são as variáveis e outros elementos envolvidos nessa possibilidade. Pode-se também refletir a respeito das ocupações, migrações, movimentos de liberação de determinados grupos e de outras possíveis dinâmicas na busca de convivência, mesmo que compulsória.

Isso te interessa?

Isso te interessa? traz outra intimidade – e sua falta – e outra invisibilidade. Várias gerações de uma família se sucedem, em relações cristalizadas, dinâmicas repetitivas de convivência e de vida. Assiste-se a essas cenas do mesmo ponto de vista: o cenário confinado da sala, ao longo do tempo. Os atores estão nus, e esse curto-circuito, de uma presença forte e íntima, no entanto, distante e dentro de dinâmicas de vida limitadas, convida a discutir a proximidade, a prioridade, a forma de vida num mundo que desenha mapas em demasia. Afinal, o que realmente interessa?

Acende-se a luz. Em cena, dois homens de joelhos, um diante do outro. O primeiro afaga a cabeça do segundo. São um homem e seu cão. Ambos nus, usando apenas meias e sapatos. *Blackout*. Em cena, uma família: mãe, pai, filha, e o cão. O filho entra. Anuncia sua viagem. Vai morar fora. Estudar. Brinca com seu cão. As frases são diretas, esquemáticas. As rubricas se misturam às falas. Cada ator descreve os próprios gestos ou intenções, conforme o texto. À exceção das meias e sapatos, todos estão, o tempo todo, nus.

---

38. Giorgio Agamben, *O que resta de Auschwitz*, São Paulo: Boitempo, 2008.

39. Roberto Esposito, *Bios: biopolítica e filosofia*, Lisboa: Edições 70, 2010.

O espetáculo da Companhia Brasileira de Teatro (Curitiba, Brasil), dirigido por Márcio Abreu, estreou em 2011. O texto original, de autoria da dramaturga francesa Noëlle Renaude, chama-se *Bon, Saint-Cloud*, alusão a um pequeno balneário próximo a Paris, onde se fazem piqueniques e comumente famílias passeiam com seus cães. O título em português é um primeiro chamado à relação com o espetáculo, que joga o tempo todo com interesse, foco e atenção. O que de verdade importa? Qual é o foco? De que foco, e de que interesse, é que se trata?

São dois os motivos de estranhamento imediato da plateia: o texto, que mantém as rubricas na fala dos atores, e a nudez. Atores e personagens não estabelecem nenhuma relação com essa nudez. É um dado com o qual, no limite, é o espectador que precisa lidar, já que em cena não há tensão a esse respeito.

O espetáculo apresenta uma família, que se desdobra ao longo do tempo: são pelo menos três gerações de pais, mães, filhos e cães. O filho cresce e vai estudar fora, a filha tem um namorado, os pais discordam, o filho retorna e agora terá sua própria família, a filha engravida, depois se torna, ela também, mãe. A cena se passa sempre na sala, em que há uma pequena mesa, uma cadeira e um sofá. A direção trabalha as linhas de movimento tão esquematicamente quanto se apresentam o texto, a cenografia, a interpretação e os objetos.

Os atores/personagens se relacionam de formas distintas com as rubricas que ditam a movimentação e as intenções da fala, às vezes cumprindo-as, às vezes discordando delas ou se contrapondo a elas. As relações centrais são efetivamente com o texto. Os gestos e a própria relação entre os personagens se efetivam nas intenções e nos tons da fala. Vai se desenhando uma história que merece atenção, mas à qual os próprios personagens nem sempre se dedicam. Ao longo do tempo, as situações se transformam, ao contrário do que acontece com o cotidiano, as ações e os desejos. O pai reiteradamente manifesta: "Gostaria de ir a Saint-Cloud, levar o cão pra passear". Desejaria ir e, durante todo o andamento – da peça ou da vida –, não chega a fazê-lo.

O texto apresenta os fatos e as notícias familiares sobre os fatos. A relação entre os personagens e suas rubricas é o que denota determinados afetos ou formas de ser. Cada um é caracterizado, *grosso modo*, pelos próprios atos descritos ou pela maneira como reage às próprias rubricas. Há uma mistura entre a função personagem e a função texto. Esse primeiro estranhamento nos coloca adiante da questão dos afetos e do discurso. Afinal, com o que se relaciona a palavra? Com o outro, consigo ou com o fato? A que se reage num discurso? O que é dado a ver, mais que tudo, é o desfile de uma forma de vida cujo centro se deslocou do outro, e das próprias relações, e tende a se fixar nos formatos. Passam os ciclos, mas determinados comportamentos permanecem.

Luz, som, figurino/adereços e objetos trazem também pontuações e estranhamentos ao texto e às passagens de tempo. Nada na linguagem é apenas apoio ou complemento, construindo perplexidades em relação aos embates sutis travados na cena.

A nudez dos atores cria estranhamento também em relação aos fatos apresentados em cena. Observando a convivência e os acontecimentos citados, fica claro um descompasso, já que o corpo nu, inesperado na situação, desloca o olhar e a escuta. É evidente o choque de dimensões entre o corpo em cena e as decisões e notícias, repetitivas ao longo das vidas que se desenrolam. Um dos efeitos é a apreensão esquemática dos acontecimentos, e salta aos olhos o quanto se pode viver preso a hábitos, submisso a repetições, o quanto se pode gravitar fora do que poderia ser um eixo central de atenção. Diante de um corpo nu, diante do outro, em sua imagem mais direta, o que poderia ser mais importante, ou mais interessante? É por esse elemento que o espetáculo deixa de acontecer em cena, no palco convencional e, mesmo apoiado naquela espacialidade, salta para diante e próximo do público. A relação é sempre mediada pelo fato de haver um corpo que sobressai.

Cabe a cada um administrar essa relação, como é percebido o corpo do outro. Saltam também à frente as memórias e construções de relação com o corpo nu e com a imagem de um corpo nu: o que, diante disso, pode interessar. Ou o que pode mais interessar, a partir disso.

Se, em termos de identificação ou entendimento do texto, trabalham-se questões em relação ao cotidiano e à forma de vida de uma suposta classe média, ainda refém de hábitos e dispositivos cíclicos e desgastantes – embora de certo modo confortáveis –, em termos de percepção é dado ao espectador relacionar-se com uma ideia de um corpo que se sobrepõe. Como se relacionar com o corpo que é premente. Aliás, não seria essa a efetiva condição das relações humanas?

A espacialidade deixa, portanto, de ser o suporte, já que o espetáculo efetivamente salta do lugar de ser visto e passa a ter um elemento que atravessa a percepção e que expande a ação do palco para toda a sala. O testemunho do público passa a incorporar e a ser mediado, seja pelo incômodo ou pela curiosidade, seja, no mínimo, pela memória ou pela impressão dos corpos presentes. Torna-se mais claramente um testemunho.

As histórias de vida falam de um cotidiano que se repete como função no dia a dia e, por isso, ao longo de toda a existência. As mudanças acontecem com potencial de desestabilização, mas esse potencial, afinal, não se realiza. Tudo permanece estável. Estão todos presos em sua dinâmica, mas ao corpo não seria necessário esse ciclo. Assim, despido, o corpo lembra que pode realizar e que está livre de vestimenta; talvez pudesse chamar a outras livres circulações, mas permanece nos mesmos ciclos. A submissão do corpo a ciclos que lhe poderiam ser estranhos nos confronta com o jogo dos limites. A emergência do corpo fica como um incômodo, uma incompletude, expondo sua inviabilidade, sua dificuldade em se exercer, e, por isso, clarifica a violência dos discursos. Uma violência que se manifesta não como agressão direta, mas como cerceamento.

O espetáculo evoca a emergência do corpo nas relações e a ausência de visibilidade desse corpo. As questões que se apresentam são pertinentes à angústia de uma proximidade que se efetiva na visão do outro através do que dele transparece em ações que não escolhe. Em que medida se trata de aproximação? Um corpo que se apresenta nu está em busca de comunicação, visibilidade, ou apenas não pode prescindir da fragilidade que manifesta quando sujeito a relações sem saída?

Seja como for, trata-se de uma intimidade sem contato, ou de contato sem intimidade, e, ao contrário da experiência do Théâtre du Soleil, a convivência não causa nenhuma alteração nas relações além das repetições. Ao conviver sem aproximação, até que ponto é possível realmente enxergar o outro e, diante disso, permitir-lhe espaço de circulação?

Jogos de cartas (2015).

A (IM)POSSIBILIDADE DE CONTAR E A (IN)CAPACIDADE DE PERCEBER

Os espetáculos a seguir tratam das questões de impossibilidade que se impõem no relacionamento com o outro, o diferente, o diverso. No limite, em função de fraturas nos processos de subjetivação, e de construção de identidades, surgem também dificuldades em reconhecer as próprias questões, ou em se encontrar e se construir diante de estados de violência e situações-limite.

As formas de violência são múltiplas, e nem sempre evidentes. Muitas vezes, fica mais fácil identificar tal violência quando sua presença vem ampliada ou destacada, como é possível ocorrer em cena. As ações violentas podem ser abertas e diretas ou envolver dispositivos que redundem em desigualdades e segregações, sem, no entanto, causar desconforto fora dos âmbitos em que são praticadas, ou mesmo ser desconsideradas, como tais, pelos próprios agressores ou vítimas, uma vez que podem estar incorporadas às dinâmicas já conhecidas e absorvidas. Podem constituir hábitos violentos e ter presença diluída. No âmbito da cena, esse reconhecimento pode ocorrer pela criação de situações de desconforto na direção do próprio espectador.

Jogos de cartas apresenta uma maquinaria portentosa, e as relações acontecem em cenários e situações espetaculares. O cotidiano surge em contraponto a uma guerra cuja dimensão desconhecemos e no cenário de consumo – Las Vegas – numa dimensão narcísica de consumo que escapa também ao controle do indivíduo. De que forma subsistem as relações? Quanto a mediação dos agenciamentos do consumo e da guerra, do preconceito, do medo e do terror turva e afasta, coloca em emergência as relações e as subjetivações? A grande questão, no entanto, é a diferença na forma de contar. O círculo presente no episódio que conta Las Vegas aparece também no episódio que conta a Argélia, e acontece no Canadá. O fascínio pela forma de ver o mundo do outro provoca mudanças de vida, mas também traz de volta pulsões inescapáveis. A maneira de contar e de percorrer esse círculo é uma percepção subjacente, mas central como possibilidade de percepção do outro.

Em *Manifiesto de niños*, há um cruzamento nos ângulos de visão: o próximo, o distante, o íntimo e o indiferente. O espectador acompanha a *performance*, que acontece dentro de uma caixa, por suas janelas, mas também afasta-se um pouco, pelos telões em que são exibidas as imagens escolhidas pelos atores, que se relacionam, em tempo real, com os objetos filmados, estes, sim, em princípio, os protagonistas do espetáculo. No entanto, não há acesso direto aos sentimentos e às sensações. Tudo o que é apresentado é sempre filtrado, relido. De perto, não se pode penetrar no que se passa; de longe, vê-se pelos olhos da câmera, que produz ângulos mais íntimos ou detalhados, mas que é manipulada, eventualmente até pelo próprio agressor.

Arquivo, trabalho do coreógrafo Arkadi Zaides, enfrenta e corporifica essa diferença. Em cena, reproduz os movimentos de pessoas filmadas na Faixa de Gaza, nos contatos e embates entre policiais e ativistas, no contexto da sala de espetáculo. Um telão ao fundo mostra os vídeos da linha de fronteira, dos quais foram tiradas as imagens. Ficam evidentes tanto a inviabilidade de representação da violência e da falta de possibilidade de se colocar no lugar do outro quanto a força performativa da representação dessa inviabilidade em cena.

Manifiesto de niños

El Periférico de Objetos foi fundado em 1989 por atores provenientes do Grupo de Titiriteros de Teatro San Martín, de Buenos Aires, dos quais alguns passaram a constituir a trinca de diretores do Periférico: Ana Alvarado, Emilio García Wehbi e Daniel Veronese, também dramaturgo da maioria dos trabalhos do grupo. Com componentes formados no teatro tradicional de bonecos, o grupo tem por objetivo explorar essa linguagem de forma inovadora, com espetáculos voltados para adultos. Seus trabalhos resultam em grande impacto visual e abordam temas como a violência, a tortura, os jogos de poder e as diferentes formas de dominação e submissão. Entre suas discussões estão as diversas formas de violência, velada ou aberta, que circundam o indivíduo e suas relações com esse cenário.

O grupo investe na exploração dos limites da relação entre boneco e manipulador, entre ator e forma manipulada, buscando um teatro de objetos em que o objeto pode ser o protagonista e os atores podem ser apenas mais um objeto em cena. A visualidade das montagens muitas vezes investe no hibridismo das figuras – tanto dos atores quanto dos objetos –, na utilização disfuncional, na deformação e no desequilíbrio das relações de interação entre manipuladores e manipulados. A pesquisa de temas procura a marginalidade, ou o marginal dentro dos fatos correntes ou oficiais, construindo seu teatro como um espaço de instabilidade, de poéticas que afastam a cena do que seria natural, corriqueiro. É um teatro que, por proposta estética e poética, procura desestabilizar; essa busca determina a pesquisa do objeto, inclusive os bonecos, como elemento de seus trabalhos, e parte da desconstrução do que é natural e habitual como processo de criação dos espetáculos.

Em 1990, o grupo estreou com *Ubu Rei*, de Alfred Jarry, retomando a força do texto como desafiador das convenções. Até 2009, quando se dissolveu, foi um dos grupos mais emblemáticos da Argentina e um expoente na linguagem de bonecos, ou teatro de objetos, como preferem seus criadores, com mais exatidão. Apresentaram montagens de autores como Beckett, Heiner Müller e Kafka, além de textos próprios. Desde a fundação, a estética do grupo evoluiu na direção da exploração da relação entre ator e objeto, buscando sempre maior questionamento do espaço entre os dois corpos e os significados que podem brotar desse encontro e nessa lacuna.

Em *Manifiesto de niños*, de 2006, o grupo trata de um universo absolutamente atual e cotidiano, por um lado, e de questões contundentes como a violência e a manipulação, por outro. No entanto, é subjacente a toda a vivência uma inquietação provocada pela questão da presença. Antes de tudo, a presença do ator e do espectador, assim como suas relações com a violência e a visibilidade, evoca a percepção de si, e do outro, como presença operadora de percepções e de significados. Nesse teatro performativo, Lehmann[40] ressalta a importância, nesse teatro performativo, da "copresença", ou seja, da efetividade do encontro dessas duas presenças. Essa copresença implica corresponsabilidade e, em sua vivência, pode potencialmente suscitar a percepção de si e sua presentificação para além do papel de espectador, mas em diferentes relações fora daquele lugar específico.

A ação se passa no interior de uma instalação fechada, como uma caixa ou um *bunker*, colocada no centro de um grande espaço vazio ou num espaço de passagem. O público pode observar a cena através de janelas estreitas ou pelas telas instaladas do lado de fora da caixa, como observador sempre impossibilitado de ter acesso pleno à *performance*. É preciso fazer escolhas, deslocar o olhar em diferentes

---

40.   Hans-Thies Lehmann, *Teatro pós-dramático, op. cit.*

ângulos e graus de proximidade, para observar as cenas, que chegam sempre fragmentadas, seja pela escolha dos ângulos das câmeras, seja pelo pequeno espaço disponível nas janelas.

Dentro da caixa estão velhos brinquedos – incluindo bonecas de porcelana, marcantes nos trabalhos do grupo –, outros mais novos, máscaras, além de objetos espalhados pelo espaço. As paredes, o teto e o chão trazem inscrições e desenhos, rabiscos coloridos, câmeras e mais telas de projeção. Estão também três atores, que fazem parte do emaranhado de informação, protegidos do contato direto com o público, mas inteiramente vulneráveis aos olhares. As telas exibem imagens detalhistas, enquadramentos invasivos, ampliados em exagero. Aparelhos de televisão dentro da caixa exibem desenhos e animações violentas. O público dispõe de tempo para se relacionar com esse cenário e dar-se conta de que muito do que vai ver dependerá de sua própria condução, de como e para onde desejar dirigir seu olhar.

Dado esse tempo, uma das atrizes se aproxima da câmera e começa a leitura de uma lista de nomes de crianças reais, mortas em épocas atuais e passadas, em circunstâncias diversas e trágicas. O rol contempla também crianças da mitologia e da ficção, numa alusão ao significado épico ou à atribuição de uma dimensão ficcional dessas mortes. A lista de cem nomes será lida em trechos ao longo do espetáculo, intercalada de versos e textos poéticos que tratam do tema.

Os atores manipulam os objetos e as câmeras, estabelecendo pequenos jogos de submissão e violência ou simples brincadeiras, num caleidoscópio em que os próprios atores são como brinquedos ou como pequenos animais confinados, executando às vezes ações repetidas. Qual é a natureza real dos jogos ou dos indivíduos envolvidos? Os atores são livres para escolher as cenas e os ângulos, mas não podem sair do confinamento, a não ser pelas imagens que produzem. O grau de violência de um ato não é o mesmo que aparece em sua imagem. Assim como não é possível apreender todas as intenções e significados das ações ambíguas, também não é possível ter noção do que é real – ou, no contexto da *performance*, o que se pretende mostrar e o que é visto furtivamente, o que no trabalho do ator é intencional e o que escapa a ele, mas não à câmera. Cabe observar que os atos de violência não se completam, exceto no texto lido. A agressão é contextual, sugerida, mas não menos presente como imagem e como intenção.

Finda a leitura da lista, os atores/crianças passam a entabular jogos para o espectador. As câmeras passeiam pelos textos e desenhos, e vão se constituindo relatos de cada ator para o público que assiste a ele. Nesse momento, o público já não é um *voyeur*, mas, dentro do jogo proposto, é efetivamente um espectador, uma vez que as cenas são construídas levando-se em conta sua presença. Um último texto poético encerra a função, sem que seja possível determinar um enredo, mas apenas um conjunto de impressões, formuladas pelo espectador a partir do que escolheu ver ou do que mais lhe chamou a atenção.

O exercício de excesso, aqui, é o excesso de detalhes. Um jogo entre o máximo, o excesso, e o mínimo, a natureza minimalista do detalhe. Há mais mergulhos num ângulo íntimo, porém sem efetiva proximidade, pois o contato é sempre mediado pelas telas, ou ao menos pelas janelas, que também recortam os ângulos, já que há pessoas e objetos convivendo no mesmo espaço, ou seja, sempre algo se interpõe à visão. É o excesso do incompleto, suscitando emoções curtas e intensas, e esgotando rapidamente a capacidade de se inquietar, em função das interrupções e mudanças de ângulo.

Além da discussão da violência como apontada na *performance*, é subjacente à experiência a percepção de um estado de violência em relação ao olhar que se lança ao outro numa realidade midiatizada, em que as relações se dão antes pelas imagens, ou pelas ideias construídas a partir de imagens, que por uma vivência real. Aliás, qual é o espaço para a vivência efetiva e qual é a dimensão do real, em situações extremas, ou extremamente sutis? A que distância é possível efetivamente perceber a intensidade e o caráter de determinados fatos? Como acessar determinados acontecimentos, se nos chegam filtrados por impressões dirigidas e alterações de formato (como através da câmera), a ponto de terem desgastado seu potencial de causar choque ou mobilização?

Se, por um lado, o espetáculo expõe e discute a violência factual, por vezes trazendo imagens fortes e contundentes, com potencial desestabilizador em torno dessa visão de tortura e constrangimento, por outro, mostra a impossibilidade de compreender a dimensão dantesca desse assédio. Apresenta o fato de não poder mensurar o que sofre o outro, mas também indica a condição de *voyeur* a que nos submetemos pela manipulação e superexposição de imagens e situações semelhantes.

A interpretação traz atores operadores de ações, e não personagens. Em alguns momentos, pergunta-se quem manipula quem: os atores manipulam os bonecos e imagens ou são instrumentos? Nesse caso, instrumentos da situação à qual estão expostos, obviamente de forma voluntária, porém, às vezes, se deixando levar pelos impulsos decorrentes das próprias situações que criam na manipulação.

Jogos de cartas

Segundo o diretor Robert Lepage, *Jogos de cartas* é um projeto bastante ambicioso, cuja *performance* inclui os efeitos criados por um grande e complexo mecanismo que interfere em diferentes momentos da cena, determinando ações e movimentos acima ou além do ator. O nome do projeto tem imediata identificação com os mecanismos que traziam à cena os deuses *ex machina* da tragédia grega. Em cena, e em suas entradas e saídas, os atores são afetados e movimentados pela máquina, que se estende por todo o espaço cênico, tendo uma grande e complexa estrutura mecânica abaixo do espaço de atuação, criando alçapões, plataformas e outras intervenções nessa espacialidade, mas principalmente, segundo Lepage, determinando entradas e saídas.

São ao todo doze atores que se desdobram em vários personagens. Provenientes de diversos países, como Alemanha, Espanha, Inglaterra, Suíça, Austrália e Canadá, eles integram a companhia canadense Ex Machina, criada em 1994 por Lepage com a premissa de conectar as artes performáticas – teatro, dança, ópera e música – às artes digitais – cinema, videoarte e multimídia. É uma companhia multidisciplinar formada por atores, escritores, técnicos, cantores de ópera, cenógrafos, *designers* gráficos, contorcionistas e músicos. Além da conexão entre as artes, o grupo de criação via seu espaço como a sede do encontro entre o escritor e os pesquisadores, o pintor de cenário e o arquiteto e entre os artistas de Québec e outros do mundo todo. Assim, novas formas artísticas surgiram dessa mescla, e a companhia quer tornar-se, continuamente, um laboratório e uma incubadora para um tipo de teatro que alcance as plateias "deste novo milênio".

Robert Lepage é um artista multidisciplinar: diretor de teatro e cinema, dramaturgo e ator. Inspirando-se na história contemporânea como base de seu teatro, procura afastar-se dos dogmas de direção clássica de palco, especialmente com o uso de novas tecnologias. Nascido em Québec, estudou arte dramática no Canadá e em Paris e consolidou seu trabalho, recebendo reconhecimento e diversos prêmios, até que, em 1988, criou a Robert Lepage Inc. (RLI). Com *Sonhos de uma noite de verão*, em 1992, foi o primeiro norte-americano a dirigir uma peça de Shakespeare no Royal National Theatre em Londres. Também dirigiu cinco filmes, dois espetáculos para o Cirque du Soleil e cinco óperas, incluindo uma no Metropolitan Opera House de Nova York, concebeu *shows* para o músico inglês Peter Gabriel, além de instalações em Québec. No Brasil, Robert Lepage ficou conhecido pela remontagem de Monique Gardenberg para *Os sete afluentes do Rio Ota*, que marcou a criação da companhia Ex Machina, no Canadá.

Toda a ação se dá como num jogo de cartas, e os lances descortinam as ações seguintes. Os atores/personagens participam do jogo, tomam decisões, mas isso não alterará a dinâmica macro da *performance*. Segundo Lepage, a natureza do baralho e dos jogos, como dinâmicas que se desenvolvem a partir de um conjunto de símbolos, gera desdobramentos incontroláveis. No início da montagem, os atores tiram a sorte no baralho para definir quem representará o naipe.

Nas simbologias divinatórias, o naipe do ar é o de espadas; fala dos cortes, decisões tomadas com a lógica, da frieza, do mental. O naipe de espadas em alguns oráculos traz maldade, mas fala também da objetividade. Segundo o diretor, *Jogos de cartas: espadas* fala da guerra. A história acontece entre Las Vegas e Bagdá, cidades construídas sobre desertos, e no momento do bombardeio do presidente George W. Bush sobre a cidade iraquiana. Nesse contexto, se contrapõem diferentes manifestações da violência: a convivência de diferentes personagens nos cenários de um hotel de luxo em Vegas e, no ambiente de batalha, na convivência entre americanos no *front* do Iraque. As escandalosas relações se escancaram entre as ilusões do consumo e da compra e venda de poderes e corpos, no nível em que cada poder e cada corpo, do soldado e da prostituta, do comandante e do soldado, do prisioneiro e do inimigo, reverberam as construções de um mundo orquestrado nessa mesma lógica de embate e abuso. A diferença são as luzes, os cenários, e os confortos possíveis em cada caso. Incluindo a sorte e o azar que determinam, ou não, os destinos em cada um dos contextos.

Por outro lado, o naipe de copas é o naipe da água, dos sentimentos, das decisões pelo coração, assim como da melancolia e das proteções divinas. A temperança, o anjo do tarô, mistura duas taças e é também a carta do tempo alongado, da permanência. Em *Jogos de cartas: copas*, o enredo interliga Argélia, França e Québec, da Primavera dos Povos à Primavera Árabe. Em 2011, Chaffik é um jovem magrebino motorista de táxi em Québec que mergulha na própria história genealógica para desvendar fatos duvidosos ligados ao desaparecimento do avô e às origens da própria família. Outro personagem é Jean-Eugène Robert-Houdin, grande mágico francês que, em 1856, é enviado pelo governo do seu país à Argélia para rivalizar com o poder espiritual e mágico dos marabutos (eremitas considerados santos por habitantes da região noroeste da África). Chaffik e Robert-Houdin estão conectados por uma rede familiar, política e artística, tecida pela história e por questões de fé, crenças e magia. A namorada de Chaffik é Judith, filha de um diplomata e conferencista em teoria do cinema na Universidade Laval. Ela será o ponto central das ligações[41].

Salta aos olhos a intenção de levar à cena as questões do agenciamento dos valores e relações e a discussão dos mecanismos por trás dos discursos e dispositivos de sujeição, absolutamente disseminados e reproduzidos em relações de poder ao longo da cadeia de convivências.

No centro da cena, a presença da máquina confere um caráter de caixa mágica, porém aberta (não a caixa-preta). A relação com a fábula é mantida o tempo todo, mas cada espetáculo é contado de forma própria. As diferenças são sutis, mas subjaz uma diferença primordial, uma forma de contar, peculiar a cada olhar apresentado: o do americano de Las Vegas e o do canadense islâmico. A soma instigante só se completa após o espectador assistir aos dois atos. As discussões não estão apenas no exercício da máquina-cenário. As maquinações são subjacentes, e as sutilezas só podem ser percebidas com a soma das experiências. Muito possivelmente, essa diferença que se afirma, e que faz o deslocamento mais interessante do espetáculo, seria decorrência do processo, e não um desenho traçado precisamente, mas evidencia uma diferença na natureza dos encontros, e nas formas de vida, diferença que se expressa na forma de contar.

Em Las Vegas, os personagens são políticos, banqueiros, camareiros, *croupiers*, garotas de programa, todos envolvidos no am-

---

41.   "Que comece o jogo", 29 set. 2014, disponível em: https://www.sescsp.org.br/online/artigo/8197_QUE+COMECE+O+JOGO, acesso em: 22 mar. 2021.

biente do jogo e do hotel de luxo. As pequenas histórias, crônicas de convivência naqueles espaços, se desenvolvem e se solucionam deixando uma sensação de impotência, para alguns personagens, e de poder de manipulação, para outros. Os que têm dinheiro e poder fazem propostas, que geralmente são aceitas, mesmo que com alguma relutância. As tentativas de se manter honesto fracassam em função de mal-entendidos ou impressões falsas. Por exemplo, um personagem percorre esses ambientes e está presente nos momentos de decisão: um homem com botas e chapéu, como alguém que gosta de se vestir como um *cowboy*, e que, em momentos-chave, será banhado por uma luz vermelha, vinda do portentoso aparato em forma de disco que paira no alto da cena, de onde vem a iluminação. Desfilando clichês simbólicos, os personagens frequentam a piscina, os bares, o cassino. E o cenário se transforma engenhosamente nos espaços de luxo. Em termos de violência, os soldados apresentam a relação mais contundente, pois o comandante da tropa humilha e assedia um de seus homens até que ele chegue ao suicídio. Nessa medida, a noção de violência militar ganha dimensão nas relações pessoais.

No Canadá e no deserto árabe, os personagens procuram construir histórias baseadas em relacionamentos, porém os sonhos e as memórias em geral os transportam para outros espaços, ou relações, e são criados afastamentos e proximidades em função dessas memórias ou do que resta dos encontros – um filho, uma nova profissão, uma marca de violência. O Ocidental aparece representado pelos pais da jovem professora, que terá um filho de Chaffik, pelo mágico encantador e pelos soldados, na ocupação do território pela guerra.

A máquina constrói imagens menos intrincadas e mais esquemáticas, apresentando-se geralmente na função de círculo, e as caminhadas são todas circulares. No alto, a estrutura representa um conjunto de engrenagens douradas, sobrepostas e nem todas interligadas, em lugar do disco tecnológico da outra montagem. Nos dois casos, as histórias são circulares, mas em *Copas* as ligações são mais longevas, remetendo a gerações, e menos gerenciais que em *Espadas*. Ao tratar de povos estrangeiros entre si, as conexões flertam com os estereótipos, sem que seja possível identificar em que medida estão as opções estéticas e em que medida se trata de uma forma de ver do artista. Assim, uma das questões mais interessantes é a compreensão de qual poderia ser o lugar exato da compreensão do artista, nesses termos.

Arquivo

Em *Arquivo*, trabalho do coreógrafo Arkadi Zaides, o artista enfrenta e corporifica a diferença e a inviabilidade de forma diversa. Zaides nasceu na Bielorrússia (ou Belarus) em 1979, mudou-se para Israel em 1990 e atualmente vive na França. Dançou na Batsheva Dance Company, fundada por Martha Graham, e ali foi dirigido pelo coreógrafo Ohad Naharin, cuja metodologia fez parte de sua formação. Separou-se da companhia anos depois, quando entrou em contato pela primeira vez com as imagens de *Arquivo*. Em 2012, apresentou em Avignon e em diversos festivais pelo mundo a coreografia *Quiet*, uma das primeiras experiências na organização desse material, com bailarinos israelenses e árabes, montagem que antecedeu *Arquivo*.

A coreografia de *Arquivo* baseia-se em vídeos filmados por voluntários palestinos do Projeto Câmera de B'Tselem (Centro de Informações Israelense para os Direitos Humanos nos Territórios Ocupados). São registros de pessoas comuns que residem na linha de fronteira. Um telão ao fundo do palco mostra as imagens dos vídeos, e no palco vazio o coreógrafo reproduz os movimentos de pessoas escolhidas: passantes, soldados, alguém que atira pedras, um pastor que toca suas cabras. Eventualmente, com um microfone, também reproduz sons ouvidos nas gravações. Não há tradução: as falas são mantidas em seus idiomas originais – hebraico e árabe –, criando mais um estranhamento e mais uma divisão, bem como outra camada para a fruição da *performance*: para os que falam árabe, hebraico, ambos ou nenhuma das duas línguas. De fato, há uma diferença de compreensão primordial na impossibilidade de tradução, considerando que existe também uma inviabilidade primordial nas traduções. A apreensão da *performance* varia em função da possibilidade de compreensão dos idiomas, que se relaciona de forma bastante imediata com o local e o modo de vida de cada sujeito da plateia e com seu lugar político na situação exposta.

Além de postura política e de criação na realização da *performance*, o artista assume uma parcela de invisibilidade de sua condição artística, na medida em que se apresenta com roupas cotidianas, prescindindo de simbolizações ou de outros recursos dramáticos ou estéticos de elaboração. A nudez de recursos busca potencializar o impacto, pela anulação do uso desses recursos disponíveis para esse reforço. Zaides expõe a vivência do corpo, aplicando ao corpo o gesto da precariedade da situação dos corpos representados.

Abrem-se discussões como a da viabilidade de se colocar no lugar do outro, ou a finalidade de se aproximar da experiência de outro corpo de forma crua, apenas revisitando seus movimentos, de modo que esse exercício expõe a inviabilidade, colocando em xeque a própria natureza do processo artístico, em relação a seus resultados estéticos. A opção de Zaides é indicar a presença da violência que se manifesta no corpo. Independentemente de releituras ou simbolizações, a representação da relação violenta é vivida no corpo, e a reprodução da ação desse corpo expõe a natureza dessa violência. A presença do gesto, mesmo que repetido em outro corpo, evoca a manifestação violenta que o originou. Pode-se questionar, então, a propagação das violências e submissões, repercutindo fora de seu contexto primário.

O espetáculo expõe e multiplica as zonas de indistinção na relação com o diverso, na medida em que submete o público às ambiguidades pertinentes a sua própria condição de espectador de uma situação que conhece à distância, e cujo nível de conhecimento e informação influenciará a leitura do que se passa no palco. Os distanciamentos não são dados, mas compulsórios; e a não tradução, ou não organização estética do material, não direciona, pelo menos *a priori*, a homogeneização das compreensões. Coloca-se a questão: em que medida as possibilidades de abordagem da diferença se aproximam, e em que ponto se dá o afastamento delas? Não se trata apenas de contemplar uma obra a respeito da relação truncada, mas de vivenciar indistinções e possíveis ambiguidades. Como é possível se posicionar, ou ao menos saber do que se passa, sem o atravessamento das versões e do viés determinado pelo ponto de onde se vê?

Essas são apenas algumas questões que podem emergir do contato com as experiências mediadas pelos espetáculos, sendo esse trabalho um convite ao exercício da percepção, nesse caso mediada pelo teatro. Num mundo em que fica claro que muitos dos embates e das estratégias de dominação e de subjetivação se materializam nos corpos, e em que as disputas se manifestam fisicamente nas ocupações de espaço e visibilidade, a questão da diferença e da alteridade, do respeito e da dominação do outro se torna especialmente presente e precisa ser observada em nossa relação com as próprias percepções.

A velha (2014).

DO ENFRENTAMENTO E DA RECUSA –

construções sobre o inexorável
(ou, da decadência e da catástrofe)

Reconhecendo a imbricação cada vez mais clara entre a política e a vida, em todos os âmbitos e aspectos, certos filósofos apontam para uma nova construção de poder: a tanatopolítica, ou a política da morte. Essa questão se impõe pela multiplicação de estratégias que não apenas aprisionam ou manipulam a vida, mas agenciam a morte ou, no mínimo, pouco a pouco incorporam com naturalidade as questões referentes à manutenção da vida, para que passem a significar a administração da morte. É o caso, por exemplo, das políticas de saúde e da saúde pública que levam em conta valores financeiros, ao optar por oferecer ou interromper tratamentos médicos, ou cálculos estatísticos, para definir investimentos em saneamento ou no combate a epidemias. Achille Mbembe[42] afirma que a guerra agencia a produção de cadáveres como estratégia para inviabilizar reações e, indo além, aponta para uma necropolítica, a política dos cadáveres. No entanto, ao serem disseminadas e veiculadas na grande mídia, ou mesmo nas redes sociais, imagens como essas acabam tendo seu potencial de criar indignação e espanto profundamente reduzido, senão anulado.

Alguns artistas têm buscado chamar a atenção para a guerra, a fome, o terrorismo e as ocupações, entre outras manifestações-limite dessa política, discutindo ou expondo esse cenário nas próprias obras. Mais que apenas criar imagens incômodas, eles acabam trazendo à tona discussões a respeito da pertinência e da possibilidade de interferência nesses cenários. Cabe ressaltar que imagens e relações com essa questão se constroem forçosamente; são exercícios de conexão com os modos possíveis de tratar essa realidade, já que a própria relação com as imagens criadas reverbera mediações potentes, que extrapolam, mesmo que de forma difusa e indefinida, a simples apreensão dessa vivência metafórica ou metonímica. Ao identificar, portanto, essas questões ligadas à obra, urge olhar as redes e a forma como essas imagens repercutem para além do espetáculo.

---

42. Achille Mbembe, "Necropolitics", *Public Culture* v. 15, n. 1, Winter 2003, pp. 11-40, disponível em: https://read.dukeupress.edu/public-culture/article/15/1/11/31714/Necropolitics, acesso em: 2 jan. 2022.

Com base na leitura de Jacques Derrida sobre o modo como Martin Heidegger lidava com o termo "destruição" (*Destruktion*, em alemão), observa-se que não se trata necessariamente de aniquilação ou eliminação. Derrida[43] traduziu *Destruktion* como "desconstrução", dando origem à proposta de uma superexposição das estruturas e dos processos de construção, visando a seu compartilhamento.

Os espetáculos apresentados a seguir falam de destruição e desconstrução sob diferentes e amplos aspectos, administrando morte e sacrifício, fanatismo e indiferença como panos de fundo, vias subjacentes, embora possam ser também reconhecidos nos temas principais. Aos significados se associam memórias, hábitos ou crenças, que modificam continuamente as formas de compreender.

No que tange ao corpo, as ideias de morte e de decrepitude são grandes movedores do medo, assim como a ideia de desconstrução ou destruição, do modo de vida de determinadas sociedades, notadamente a sociedade de consumo. As imagens desestabilizadoras, por essa via, podem dizer respeito à criação de imagens destrutivas de infinitas dinâmicas entre as que se identificam com esse modo de vida, e sua discussão abre inúmeros questionamentos pertinentes sobre seus funcionamentos.

Sobre o conceito de rosto no Filho de Deus

O espetáculo *Sobre o conceito de rosto no Filho de Deus*, do diretor italiano Romeo Castellucci, acontece em três cenas, todas centradas na *performance* visual, embora outros elementos surjam na composição de cada uma delas. O espetáculo tem pouco mais de uma hora, e a primeira cena dura 50 minutos. Antes de sair para o trabalho, um filho precisa ajudar o pai, já com dificuldades de movimento e incontinência fecal; à medida que o pai defeca sem controle, o filho procura ampará-lo e limpar, a cada novo episódio, não apenas o pai, mas todo o entorno, que também vai se maculando pela intensidade dessa incontinência. Ao fundo, desde o princípio, a imagem do rosto de Cristo, um recorte

---

43. Jacques Derrida, *Gramatologia*, São Paulo: Perspectiva, 2006.

da tela *Salvator Mundi* [O Salvador do Mundo], do pintor siciliano Antonello da Messina (1430-1479).

Na segunda cena, entram crianças, que abrem suas mochilas e atiram granadas no rosto da tela de fundo. Na cena final, sob uma trilha sonora impactante, o rosto vai se desfazendo, se modificando, sem, no entanto, deixar de ser a mesma figura. Por fim, estampa-se a frase "You are (not) my Shepherd" [Você (não) é meu Pastor].

Romeo Castellucci afirma que o espetáculo é um manifesto sobre o decaimento da beleza. Suas declarações costumam ser vagas em relação à *performance*, o que aumenta a sensação de que o propósito é realmente oferecer uma experiência aberta e individual, a partir dos elementos apresentados.

Na Mostra Internacional de Teatro de São Paulo (MITSP), em que o trabalho foi exibido, Castellucci participou, por teleconferência, de mesa com os atores (coordenada pela professora Cecília Salles) e frisou a afetividade no processo, mencionando ter centrado grande parte do trabalho na construção da relação entre os atores, intérpretes de pai e filho na primeira cena. No entanto, o diretor se destaca sobretudo pela inserção dos elementos de estranhamento e choque em seus trabalhos. Este, em especial, foi inicialmente pensado como uma *performance* mais breve, porém tornou-se espetáculo ao longo de sua construção.

Quando as luzes se acendem, reina ao fundo da cena o enorme recorte do rosto de Cristo, que ali permanecerá o tempo todo; seu olhar pode ser interpretado como o de quem observa, de quem julga ou mesmo de quem apenas está ali. O rosto testemunha o que acontece em cena? É uma presença ou apenas uma referência? Enquanto vai surgindo a figura do pai – na sala toda branca, com móveis e objetos também brancos, e que demonstram certo gosto e posição social –, as referências começam a se impor conforme o rosto ao fundo. O filho entra vestido para o trabalho – terno de quem tem certa posição numa empresa, ou algo semelhante, jovem, atual. Nesse momento, o pai tem um episódio de incontinência fecal, e o filho precisa ajudá-lo, limpá-lo. Trabalho feito, hora de ir, e a incontinência se repete. Inúmeras vezes. A relação vai se despindo da paciência inicial e do leve constrangimento e incorporando o sentido acusador e a vergonha absoluta. A sala vai se sujando, maculando. Ambos vão se maculando e, gradativamente, se expondo. A visão do corpo idoso do pai, cada vez mais despido, vai aparecendo, enquanto o filho passa a expor os matizes de comportamento de uma relação longa e delicada, coberta de camadas desenhadas pelos sentimentos e pelos bons modos adequados a sua posição contrapostas à radicalidade de sua situação.

Ao público resta testemunhar a derrocada radical, um jorro de memórias, sentimentos e associações, já que, nesse ponto, o espetáculo proporciona uma vivência dramática e de identificação. Beira o naturalismo, pois um sentido prepondera sobre todos os outros: o forte cheiro que vai impregnando a sala. O realismo dessa sensação provoca cruzamentos e curtos-circuitos: será verdade? Estarão utilizando material real? A náusea ou, no mínimo, uma má impressão provoca desorientação. As ações de limpar e sujar, em tempo real, oferecem espaço para construções perceptivas e evocações pessoais, e, sob a imagem do rosto, o espectador é deixado às próprias divagações.

A grande ruptura da cena – ou do espetáculo – acontece quando o filho abandona o pai, impregnado e envergonhado. Sai de cena, se detém diante da imagem e abraça-se ao quadro. Ainda pronuncia "Jesus, Jesus, Jesus!", num som sussurrado e quase gutural.

O velho dirige-se para a cama e despeja em toda a cena um galão com o líquido usado. Fica claro o choque do real – desse novo real: era tudo ficção. A cisão é forte e provoca novos cruzamentos de sentidos, ressignificando a construção de cada espectador, visto que, seja ela qual for, já foi formulada sob outras orientações de percepção. Castellucci criou duas formas de travessia e aproximação entre cena e espectador – memórias e identificação, e a desorientação (ou orientação) do cheiro –, que deslocaram a *performance* para além dos limites do palco. Surge agora uma terceira, uma espécie de jogo entre traição e cumplicidade, entre ator-personagem e público: é a revelação do truque, mas também do poder do engano.

Sobre o personagem, é necessário – e impossível – reorganizá-lo: quem é esse homem? Qual é o jogo? O que há de vítima e algoz, de intencional ou inexorável em tudo o que acontece entre os dois? De qualquer modo (com essas ou outras perguntas), trata-se da percepção da ruptura e da vivência do engano da percepção. Uma inquietação do corpo, de desdobramentos únicos, nem sempre passíveis de elaboração imediata.

É fato que o título suscita a provocação primordial: trata-se, o tempo todo, de uma relação performativa mediada não pelo rosto ao fundo, mas pelo conceito desse rosto. Provocar os sentidos, tendo como tema ou citação esse rosto, implica uma negociação contínua com os conceitos que foram impostos, oferecidos ou até mesmo desenvolvidos ou trabalhados a esse respeito. Uma cena de decaimento, decrepitude, excrementos, afetividade, dependência e desdobramentos afins, mediada por essa tela de fundo, coloca o espectador diante de deslocamentos incontroláveis. A desorientação/orientação dos sentidos, pela visão e pelo olfato, fica, então, exposta pela ruptura da cena, em seu final.

O velho permanece na lateral da cena, sentado em sua cama branca. Durante o quadro seguinte, a tela se ilumina quando uma criança entra em cena, abre a própria mochila e começa a atirar granadas no Rosto. Entram outras crianças – dez ou doze –, que executam a mesma ação. Depois de poucos minutos, sentam-se de frente para o quadro e passam a observá-lo. São atores mirins que participam apenas daquele trecho da *performance*, sem maiores informações sobre o contexto e sem possibilidades diferentes de fazer eventuais elaborações, caso fossem convidados a isso. São crianças em cena e fora dela e, na cena, não carregam personagens, pelo menos não de forma imediata. São crianças, granadas, indivíduos; um grupo que está diante de uma imagem que crescerá como significado durante a vida de cada um, sendo agora mais vazia de vivências e memórias do que virá a ser. Trata-se de uma relação cujas dimensões não são claras. Pelo menos, não por meio da razão e do conhecimento construído. A cena constitui uma grande lacuna, ou assim pode se apresentar. Significados que não chegam a se completar. E, portanto, mais produção de perplexidade ou de vazio.

Saem as crianças. A cena se concentra no rosto que, por obra de luz e maquinaria, vai se modificando, desfigurando e redefinindo, acompanhado por uma trilha sonora composta para essa dissolução e redefinição. O som traz também imagens e sentidos não apreensíveis de forma lógica; trata-se de uma composição erudita baseada em pesquisas sobre a estrutura do som e da matéria.

Durante cerca de dez minutos, a visão trata novamente de memórias, e o espectador fica novamente diante de um rosto, mas diante de um conceito que se reconfigura e traz imagens de terror, dúvida, medo, indiferença, ironia ou outras possibilidades que, no entanto, são definidas não pela *performance*, mas pela sua percepção e pelas memórias ou associações que trazem à sensação ou ao pensamento. "You are (not) my Shepherd." Quem pastoreia quem? O que conduz o quê? Indivíduo, imagem, conceito; qual é o mapa?

A velha

The Old Woman

Cena 1 – Poema da fome*.

Cena 2 – Uma velha segura um relógio que não tem ponteiros. O escritor pergunta as horas. A velha lhe diz as horas.

Cena 3 – O escritor encontra seu amigo na rua. Ele lhe conta sobre mulheres caindo da janela.

Cena 4 – Em casa, o escritor quer trabalhar numa história. A velha entra e lhe dá ordens. Ela se senta numa cadeira e morre.

Cena 5 – Poema do sonho 1.

Cena 6 – O escritor conhece uma moça na padaria. Eles decidem ir à casa dele.

Cena 7 – Na casa de seu amigo, o escritor lhe conta sobre a moça. Ele não pôde levá-la para casa, pois se lembrou que havia uma velha morta lá.

Cena 8 – O escritor chega em casa e encontra a velha rastejando pelo chão. Ele quer matá-la com uma marreta.

Cena 9 – Poema do sonho 2.

Cena 10 – Um pesadelo sobre o assassinato da velha. O escritor põe a velha numa mala.

Cena 11 – O escritor toma um trem com a mala. A mala desaparece.

Cena 12 – Uma velha segura um relógio que não tem ponteiros. O escritor pergunta as horas. A velha lhe diz as horas.

Epílogo.

*Poema da fome (trecho)

É assim que a fome começa: de manhã você acorda se sentindo animado. Então começa a fraqueza. Então começa a chatice; então vem a perda do poder de pensar rápido. Então vem a calmaria. E então começa o horror.[44]

---

44. Disponível em: https://acervodigital.unesp.br/handle/unesp/378685, acesso em: 2 jan. 2022.

Segundo Robert Wilson, havia muito tempo ele e Baryshnikov procuravam um projeto para realizar juntos. O escolhido foi o texto de Daniil Kharms, e o parceiro de cena, Willem Dafoe. *A velha* foi escrito pelo autor russo em 1939 e traduzido para o inglês por Darryl Pinckney, colaborador de Wilson. É um texto absurdo (escrito segundo as propostas do Teatro do Absurdo, movimento do qual o autor fez parte), de um escritor que, após uma juventude promissora, foi atormentado e perseguido politicamente desde 1931 – quando a vanguarda artística foi posta na ilegalidade. Faleceu em Leningrado (atual São Petersburgo) em 1942, com a cidade sob cerco. Dizem que teria morrido de fome na prisão. Um de seus amigos salvou seus manuscritos e os manteve escondidos até 1960.

A montagem de *A velha* tem linguagem e estratégias familiares ao diretor, que trabalha a representação e a tradução como operações que não se fazem tendo apenas o ator como principal suporte e veículo. Os elementos por vezes se equivalem e até se sobrepõem. A luz, por exemplo, é um de seus grandes trunfos, e o trabalho visual e sonoro minucioso apresenta cenas inteiras conduzidas por elementos estranhos ao ator em cena. Neste espetáculo, a luz tinge objetos que mudam de cor em cena aberta, traçando tempos de retorno ao espectador. Tempos e intervalos em que o discurso da cena é traçado pela luz sobre o objeto imóvel. O humano – ator/personagem – é coadjuvante, eventualmente também espectador.

Como de costume, a passagem do tempo, os discursos em diferentes suportes, a ação que cede espaço aos passeios interiores do espectador, além da exatidão técnica, saltam aos olhos – ou à percepção –, em diálogo e composição com o texto e a interpretação. O diretor extrapola o sentido do Teatro do Absurdo – cujo texto buscava criar, pelo discurso, a sensação de vazio e perplexidade dos tempos correntes –, apresentando espacialidades amplas e vazias, ocupadas por objetos pontuais e pela luz, de efeitos visuais poéticos e mágicos, embora esquemáticos e simples. São flutuações ou cenas no chão, mas sempre numa amplitude que reforça as possibilidades de perplexidade.

O grande impacto se dá pelos dois atores em cena. Dois corpos virtuosos e idosos. A relação dos atores é, portanto, em certa medida literal com as questões discutidas: a velhice, a decadência, a falta. A velhice dos dois ídolos, em cena, é o grande ponto de convergência e estranhamento do espetáculo.

O que se apresenta é a discussão da decadência – não como processo, mas como estado, parada – amparada na ação de dois mitos, cujos corpos, embora envelhecidos, ainda trazem habilidade e tônus acima da média. Trazem também os ídolos que são e a memória de sua imagem jovem, imortalizada. O jogo é de superposições entre as imagens dos ídolos; o texto, esquemático e repetitivo, que, como os demais sinais, fala do decaimento; os dois atores em cena, virtuosos em seus papéis, opostos e tornados semelhantes pela situação (de cena?, de vida?) em que se apresentam. Trata-se de um jogo com os sentimentos e impressões do público, que eventualmente suspira – como na cena em que o bailarino ensaia uma pirueta que, embora seja apenas uma sombra, um rascunho, deixa escapar o atleta perfeito. É o que faz também Dafoe com sua voz potente, com poses e paradas irresistíveis. Como não borrar a vivência do espetáculo com a vivência do ídolo em cena, e do ídolo que envelhece.

Não há nada escondido, como poderia parecer à primeira vista – maquiagem, texto, papéis –; a discussão, que turva os sentidos, é ver toda a questão tratada vivificada pelos homens em cena. O homem, que se faz ator, o ídolo, que o ator carrega, sempre que encontra o público, e a identidade biológica e esquemática do idoso que passa a considerar/representar. Nesse caso, as representações ficam borradas pelo tangível e pelas memórias carregadas para a cena. Trata-se, então, de um testemunho prestado ao vivo pelos atores – e testemunhado, também, pelo espectador –, não apenas na cena, mas nas conexões feitas por suas memórias e na percepção da presença do ídolo. A percepção de um embate entre a vida que emerge e a vida qualificada pelas trajetórias pessoais, que passam imediatamente a construir mapas cruzados na percepção do espectador.

Grande sertão: veredas

Em *Grande sertão: veredas*, o público se posiciona em arquibancadas montadas frente a frente, em dois andares, deixando no centro um corredor para a área de encenação, sobre linóleo preto. A sensação é de observar os atores por uma grade, ou gaiola, com suas roupas pretas e pardas e objetos rústicos, como sacos ou pedaços de madeira, com os quais construirão as cenas, ao longo dos 160 minutos de apresentação. Com um espaço restrito para movimentação, o público acompanha a cena com fones de ouvido, que garantem a perfeita compreensão do texto e da trilha de ruídos, apesar do ângulo de visão às vezes restrito, conforme o deslocamento do elenco. De fato, a sensação é de que o público está engaiolado; ou são os atores? O cenário inclui bonecos de feltro, que ajudam a compor a multidão, ou o cenário, conforme o momento.

Bia Lessa já visitou o universo de Guimarães em 2006, quando realizou uma exposição sobre o autor no Museu da Língua Portuguesa, e agora o retoma por meio do teatro. Em suas palavras, ela busca em Guimarães o que ele tem de universal. Diante da complexidade do texto, que sofreu cortes, mas manteve as frases originais do autor, e da especificidade desse livro, escrito em 1956, sem capítulos e com uma linguagem já inovadora, o que prevalece no contato com aquele espaço, para um leitor, é a expectativa.

A visualidade e a sonoridade vão aos poucos se colocando, permitindo espaço para o texto poderoso, composto pelos trechos do original de Guimarães Rosa. Ter os personagens, e a própria história, como encarcerados no centro da instalação confere a sensação de algo que pode ser selvagem, ou apenas recluso, mas que é inerente, atávico, que esteve sempre guardado, em algum momento da memória ou das sensações. A ideia de um sertão – metafórico ou geográfico – nos parece, em alguma medida, constitutiva de todos nós (brasileiros em geral) e flerta também com sertões universais: situações de medo, falta ou violência, que guardariam pedaços/ideias de identidade nem sempre explorados, mas considerados como parte das origens de cada povo ou indivíduo.

Os personagens, as falas e as histórias emergem também de um fundo, de um ambiente comum, em que todos os atores representam os pássaros, os cães e os outros animais, pedras, fogueiras, bandos aliados ou inimigos, e todos os elementos que anunciam os gestos e situações que tecem a narrativa ou se desenham a partir deles. As idas, vindas e misturas e ambiguidades desenham e permitem que, desse fundo, emerja cada personagem e seus destinos. Tudo em cena é discurso. Riobaldo, que conduz o início e uma parte maior da narrativa, de forma um tanto caótica, é um jagunço letrado, marcado pela morte da mãe e que tem inquietações existenciais e filosóficas, mas termina por fundir e retomar suas memórias, em meio à luta dos bandos. Caminhando entre o Corifeu e o herói, Riobaldo se individua à medida que faz escolhas, e, tendo sido uma escolha, buscar voltar às origens após meio caminho andado não o faz retornar, mas prosseguir construindo sua autonomia, que é perdida depois para a paixão por Diadorim.

Tanto Riobaldo quanto Diadorim, que só se revelará mulher após a morte, ao ser lavada para o enterro, demonstram ser os personagens com mais livre-arbítrio entre todos os que desfiam a trama. Todas as vozes, individuais e coletivas, no entanto, se confundem repetidas vezes com o ambiente, surgem e se aprimoram a partir dele e, enfim, voltam a compor esse fundo.

Trata-se de uma montagem poética que discute questões como o amor, a fome, a amizade e a justiça sob o olhar de Guimarães e cuja espacialidade e desenhos de cena conduzem a uma vivência da condição do indivíduo e das possibilidades do sujeito no ambiente. As crenças e os modos de vida do sertão podem ser os grandes condutores da experiência de cada personagem e medeiam a vivência do espectador, flutuando entre o compartilhamento das angústias dos indivíduos e a imersão no ambiente afetivo dos acontecimentos e das vocações.

Ao tratar da ideia de multidão, o filósofo italiano Paolo Virno[45] retoma a proposição do filósofo francês Gilbert Simondon sobre a experiência pré-individual como estágio anterior à individuação, ou seja: antes de sermos indivíduos que se percebem em sociedade e passam a se abrir para o coletivo, seríamos seres que primeiro se constituem imersos no ambiente, com uma percepção pré-individual, desenvolvendo depois a capacidade de nos tornar indivíduos, e sujeitos.

A partir daí, o sujeito seria sempre uma possibilidade transitória, incompleta e, portanto, passível de construção. A experiência coletiva, longe de ser apenas uma possibilidade de alienação ou descaracterização, poderia ampliar e enriquecer o desenvolvimento efetivo de si.

Na multidão, somos sujeitos imersos, mas, superando a ideia de massa, como e quando se torna possível exercer-se e passar a controlar, ou pelo menos escolher, ou perceber, os próprios caminhos? No excesso de individualismo, de identificação, de afirmação e construção de grupos de interesse e demais bolhas sociais, as vivências políticas têm o potencial de massacrar o indivíduo e reproduzir as lógicas vigen-

---

45.   Cf. Paolo Virno, *Gramática da multidão: para uma análise das formas de vida contemporâneas, op. cit.*

tes; mas em que medida podem ser geradoras de conhecimento crítico e emancipatório?

Da distância entre ouvir a si mesmo e ouvir o entorno, o outro, o ambiente, surgem perguntas e construções a respeito desses limites: o limite do indivíduo, o limite do desejo, da crença, e o limite do como; limite tanto no sentido de potência quanto de fronteira. Riobaldo e o espectador compartilham a saga dos limites e das linhas de separação. Ao mesmo tempo que atores e plateia ocupam todos uma mesma estrutura, a separação e o envolvimento se alternam no decorrer do espetáculo, tanto pela organização do espaço quanto pelas escolhas da direção a cada cena, assim como se destacam do ambiente o desejo e a vontade de cada personagem, à sua própria medida.

Braakland (2008).

AO FIM E ADIANTE

A estratégia do cinismo, mencionada diversas vezes no decorrer deste trabalho, suspende o momento de contemplação que durante séculos esteve associado à recepção da arte.

Essa estratégia causa um estranhamento na medida em que utiliza os próprios operadores da ironização e abandona o determinismo histórico, propondo um olhar negativo diante dos movimentos. Não é fácil compreender o que constitui essa negatividade. É como a escolha de uma via que adentra o que não é óbvio nem está explícito. Ao desligar o nexo ideológico imediato, cria uma abertura a ser ocupada, na lacuna de inviabilidade e na suspensão das mediações que se apresentam. No(s) ambiente(s) do teatro (criação, recepção, reflexão), trata-se de resistir a conclusões rápidas. A moral da história, a explicação e a compreensão tornam-se, nesse viés, vias inoperantes.

A abordagem dos espetáculos aqui apresentados emerge de um encontro inusitado entre Santos e Safatle, ou seja, de um cruzamento entre a ecologia dos saberes e a estratégia do cinismo, tendo em vista a produção de conhecimento crítico. Não se trata de juízo de valor nem da busca de modelos dados, mas, sim, de um estado de crise singular que se constitui na relação coevolutiva entre corpo e ambiente, arte e vida, cinismo e crença, e na pluralidade de saberes singulares.

Além da ampliação do entendimento da crítica, o texto propõe também um descentramento, identificado entre o olhar de quem assiste, a circunstância em que as obras se apresentam (espaço-tempo da representação) e as reflexões que reverberam no tempo que vem.

Cabe esclarecer que os espetáculos apresentados estiveram em cartaz, ou participando de mostras e festivais, no estado de São Paulo (São Paulo, capital, e Santos), onde foram acompanhados, para a construção desta tese. Em todos os casos, foram alvo de curadorias e programações específicas, pelo Serviço Social do Comércio (Sesc) em São Paulo – Festival Mirada e Mostra Sesc de Artes – e pela MITSP (Mostra Internacional de Teatro de São Paulo). A discussão e a análise da política de circulação dos espetáculos, assim como das proposições de curadoria das quais fizeram parte, poderiam ter sido abordadas, mas ampliariam o *corpus* da tese para outras questões que não interessaram neste momento, embora sejam fundamentais para debates de política cultural.

No entanto, embora os temas da curadoria, dos financiamentos e das estratégias de circulação não tenham integrado este trabalho, isso não significa que a pesquisa tenha deixado de lado o seu viés mais político. Talvez seja no âmbito da criação coevolutiva entre artistas e espectadores que se constitua o vínculo mais profundo entre os elementos daquilo que engendra etimologicamente a política, a *polis*, o público.

O sociólogo Pascal Gielen[46] observa que, assim como existe atualmente uma grande valorização da criatividade – economia criativa, cidades criativas etc. –, a criação muitas vezes tem sido substituída pela exibição.

O que este livro propõe é que, nesse ambiente de fomento do *novo pelo novo*, o que também se esvai é a possibilidade do pensamento crítico. Sem risco e sem crise, a arte corre o risco de perder aquilo que parece ter dado sentido à sua longevidade no processo evolutivo humano, a despeito das práticas discursivas que a confinaram ao âmbito da contemplação desinteressada e não cognitiva.

No entanto, o que caracteriza o capitalismo tardio é a pluralidade. Se, por um lado, o fundamentalismo da exibição impera, por outro, há, como vimos, inúmeras experiências que buscam repensar a noção de crítica e a sua linguagem para lidar com a complexidade da e na cena contemporânea. Trata-se de desafios que podem abrir novos caminhos, sobretudo a partir do momento em que deixam de considerar o espectador como aquele que participa da cena apenas como convidado. É no processo coevolutivo entre quem faz e quem age assistindo que o pensamento crítico será favorecido.

---

46. Cf. Pascal Gielen, *The Murmuring of the Artistic Multitude, Global Art, Memory and Post-Fordism*. Amsterdam: Valiz, 2009.

REFERÊNCIAS BIBLIOGRÁFICAS

ADORNO, Theodor. *Indústria cultural e sociedade*. São Paulo: Paz e Terra, 2002.

_____; HORKHEIMER, Max. *A dialética do esclarecimento: fragmentos filosóficos*. São Paulo: Zahar, 1985.

AGAMBEN, Giorgio. *Profanações*. São Paulo: Boitempo, 2007.

_____. *O que resta de Auschwitz*. São Paulo: Boitempo, 2008.

_____. *O que é o contemporâneo e outros ensaios*. Chapecó: Argos, 2009.

_____. *O homem sem conteúdo*. Belo Horizonte: Autêntica, 2012.

ARTAUD, Antonin. *O teatro e seu duplo*. 3. ed. São Paulo: Martins Fontes, 2006.

AUSTIN, John. *How to Do Things with Words*. Oxford: Oxford University Press, 1976.

BARTHES, Roland. *Crítica e verdade*. São Paulo: Perspectiva, 2007.

_____. *Mitologias*. Rio de Janeiro: Difel, 2007.

BENJAMIN, Walter. "A obra de arte na era de sua reprodutibilidade técnica". Em: BENJAMIN, Walter. *Magia e técnica, arte e política: ensaios sobre literatura e história da cultura*. São Paulo: Brasiliense, 2012, v. 1. (Série Obras Escolhidas).

BERG, Lotte van den; KLEENE, Guido. *Braakland (wasteland)*, 18 fev. 2013. Disponível em: https://compagniedakar.wordpress.com/2013/02/18/braakland/. Acesso em: 2 jan. 2022.

BROOK, Peter. *O teatro e seu espaço*. Petrópolis: Vozes, 1970.

BUTLER, Judith. *Precarious Life, the Powers of Mourning and Violence*. Londres: Verso, 2006.

_____. "Bodies in Alliance and the Politics of the Street". *Transversal*, set. 2011. Disponível em: https://transversal.at/transversal/1011/butler/en. Acesso em: 2 jan. 2022.

CARLSON, Marvin. *Teorias do teatro: estudo histórico-crítico, dos gregos à atualidade*. São Paulo: Editora da Unesp, 1997.

CAUQUELIN, Anne. *Arte contemporânea*. São Paulo: Martins Fontes, 2005.

_____. *Teorias da arte*. São Paulo: Martins Fontes, 2005.

DELEUZE, Gilles; GUATTARI, Félix. *Mil platôs*. São Paulo: Editora 34, 2011 [2014], v. 1.

DERRIDA, Jacques. *Gramatologia*. São Paulo: Perspectiva, 2006.

EAGLETON, Terry. *A função da crítica*. São Paulo: Martins Fontes, 1991.

_____. *A ideia de cultura*. São Paulo: Editora da Unesp, 2005.

ESPOSITO, Roberto. *Bios: biopolítica e filosofia*. Lisboa: Edições 70, 2010.

FERNANDES, Silvia. *Teatralidades contemporâneas*. São Paulo: Perspectiva, 2010.

FERRARA, Lucrécia D'Alessio. *Comunicação espaço cultura*. São Paulo: Annablume, 2008.

_____. *Comunicação mediações interações*. São Paulo: Paulus, 2015.

FOUCAULT, Michel. *A história da sexualidade: a vontade de saber*. São Paulo: Graal, 2006.

_____. "Outros espaços" (conferência). Em: FOUCAULT, Michel. *Ditos e escritos: estética*. Organização de Manuel de Barros da Mota. Rio de Janeiro: Forense Universitária, 2006, v. 2.

_____. *As palavras e as coisas*. São Paulo: Martins Fontes, 2007 [1966].

_____. *Ditos e escritos*. Organização de Manuel de Barros da Mota. Rio de Janeiro: Forense Universitária, 1999-2010. 7 v.

GIELEN, Pascal. *The Murmuring of the Artistic Multitude, Global Art, Memory and Post-Fordism*. Amsterdam: Valiz, 2009.

GREINER, Christine. *O corpo: pistas para estudos indisciplinares*. São Paulo: Annablume, 2005.

_____. *O corpo em crise: novas pistas e o curto-circuito das representações*. São Paulo: Annablume, 2010.

_____. *Leituras do corpo no Japão e suas diásporas cognitivas*. São Paulo: N-1 Edições, 2015.

GUINSBURG, Jacó. *Da cena em cena*. São Paulo: Perspectiva, 2001.

HARVEY, David. *A condição pós-moderna*. São Paulo: Loyola, 2008.

KANT, Immanuel. *Crítica da faculdade do juízo*. São Paulo: Forense Universitária, 2012

KATZ, Helena; GREINER, Christine. "Por uma teoria do corpomídia ou a questão epistemológica do corpo". Em: GREINER, Christine. *O corpo: pistas para estudos indisciplinares*. São Paulo: Annablume, 2005.

KOSELLECK, Reinhart. *Crítica e crise: uma contribuição à patogênese do mundo burguês*. Rio de Janeiro: Eduerj, 1999.

LEENHARDT, Jacques. "Considerações sobre a crítica". Em: LEENHARDT, Jacques *et al. Rumos da crítica*. São Paulo: Itaú Cultural, 2000.

LEHMANN, Hans-Thies. *Teatro pós-dramático*. São Paulo: Cosac Naify, 2007.

LYOTARD, Jean-François. *A condição pós-moderna*. Lisboa: Gradiva, 1989.

MARCONDES FILHO, Ciro. *O princípio da razão durante: da Escola de Frankfurt à crítica alemã contemporânea*. São Paulo: Paulus, 2011. (Nova Teoria da Comunicação, v. 3, t. 2).

MARTÍN-BARBERO, Jesús. *La educación desde la comunicación*. Bogotá: Grupo Editorial Norma, 2003.

_____. *Dos meios às mediações: comunicação, cultura e hegemonia*. Rio de Janeiro: Editora da UFRJ, 2009.

MBEMBE, Achille. "Necropolitics". *Public Culture*, v. 15, n. 1, Winter 2003, pp. 11-40. Disponível em: https://read.dukeupress.edu/public-culture/article/15/1/11/31714/Necropolitics. Acesso em: 2 jan. 2022.

MENESES, Maria Paula; SANTOS, Boaventura de Sousa (org.). *Epistemologias do Sul*. São Paulo: Cortez, 2010.

MNOUCHKINE, Ariane. *Les Éphémères: Théâtre du Soleil*. São Paulo: Edições Sesc, 2007.

MORIN, Edgard. *Os sete saberes necessários à educação do futuro*. Brasília/São Paulo: Unesco/Cortez, 2002.

NORTHROP, Frye. *Anatomia da crítica: quatro ensaios*. São Paulo: Cultrix, 1973.

_____. *O caminho crítico*. São Paulo: Perspectiva, 1973.

PAVIS, Patrice. *A encenação contemporânea: origens, tendências, perspectivas*. São Paulo: Perspectiva, 2010.

RANCIÈRE, Jacques. *A partilha do sensível: estética e política*. São Paulo: Editora 34, 2005.

_____. *O espectador emancipado*. Lisboa: Orfeu Negro, 2010.

RICHARD, Nelly. *Fracturas de la memoria: arte y pensamiento crítico*. Buenos Aires: Siglo Veintiuno, 2013.

ROSENFELD, Anatol. *Brecht e o teatro épico*. São Paulo: Perspectiva, 2012.

ROUBINE, Jean-Jacques. *Introdução às grandes teorias do teatro*. Rio de Janeiro: Jorge Zahar, 2003.

SAFATLE, Vladimir. *Cinismo e falência da crítica*. São Paulo: Boitempo, 2008.

SANTOS, Boaventura de Sousa. *A gramática do tempo*. São Paulo: Cortez, 2006.

_____. *A crítica da razão indolente: contra o desperdício da experiência*. São Paulo: Cortez, 2011.

SANTOS, Milton. *A natureza do espaço*. São Paulo: Hucitec, 1996.

SLOTERDIJK, Peter. *A mobilização infinita: para uma crítica da cinética política*. Lisboa: Relógio d'Água, 2002.

_____. *A crítica da razão cínica*. São Paulo: Estação Liberdade, 2012.

SZONDI, Peter. *Teoria do drama moderno* [1880-1950]. São Paulo: Cosac Naify, 2011.

VIRNO, Paolo. *Gramática da multidão: para uma análise das formas de vida contemporâneas*. São Paulo: Annablume, 2013.

WELLEK, René. *Conceitos de crítica*. São Paulo: Cultrix, 1963.

SOBRE A AUTORA

Mestra e doutora em comunicação e semiótica pela Pontifícia Universidade Católica de São Paulo; *lato sensu* em Sociologia do Lazer pela Fundação Escola de Sociologia e Política de São Paulo; estudos em Administração e Administração da Cultura pela Fundação Getúlio Vargas; bacharel em teatro pela Escola de Comunicações e Artes da Universidade de São Paulo e pós-doutora no CES – Centro de Estudos Sociais, da Universidade de Coimbra, Portugal. Mais de trinta anos de atuação em cultura, teatro e mediação, incluindo administração e direção de teatros e outros equipamentos, formação e gestão de equipes, curadoria e organização de projetos e festivais. Atuou nas áreas de turismo e estudo do meio, na construção de roteiros e preparação de equipes, criando e aplicando estratégias de mediação, visitação e integração de acervo, roteiros urbanos e patrimônio.

© FOTOGRAFIAS

PÁGINA	FOTÓGRAFO	ESPETÁCULO
10	Nílton Silva	Os efêmeros (2007)
16	Isabel D'Elia	Manifiesto de Niños (2007)
43	Lígia Jardim	Arquivo (2015)
58	Alexandre Nunis	Grande sertão: veredas (2017)
62	Elenize Dezgeniski	Isso te interessa? (2012)
76	Adauto Perin	Jogos de cartas (2014)
89	Alexandre Nunis	A velha (2014)
102, 114-117	Nílton Silva	Braakland (2008)
118-121	Isabel D'Elia	Os efêmeros (2007)
122-123	Nílton Silva	Os efêmeros (2007)
124, 125	Elenize Dezgeniski	Isso te interessa? (2012)
126-129	Isabel D'Elia	Manifiesto de Niños (2007)
130, 131	Lígia Jardim	Arquivo (2015)
132-133	Adauto Perin	Jogos de cartas (2014)
134-135	Lígia Jardim	Sobre o conceito de rosto no Filho de Deus (2014)
136-139	Alexandre Nunis	A velha (2014)
140-143	Alexandre Nunis	Grande sertão: veredas (2017)

ARTISTAS EM CENA

BRAAKLAND
ELENCO:
Matthias Maat
Daphne de Winke
Jaap ten Holt
Carola Bartschiger
Romanee Rodriguez
Lobke van Beuzekom
Guido Kleene
Erlend Hanssen
Luc Loots
DIREÇÃO:
Lotte van den Berg

OS EFÊMEROS
ELENCO:
Shaghayegh Beheshti
Duccio Bellugi-Vannuccini
Charles-Henri Bradier
Sebastien Brottet-Michel
Juliana Carneiro da Cunha
Virginie Colemyn
Olivia Corsini
Delphine Cottu
Marie-Louise Crawley
Eve Doe-Bruce
Emmanuel Dorand
Maurice Durozier
Camille Grandville
Astrid Grant
Emilie Gruat
Dominique Jambert
Jeremy James
Marjolaine Larranaga y Ausin
Virginie Le Coent
Jean-Jacques Lemetre
Elena Loukiantchikova-Sel
Vincent Mangado
Alexandre Michel
Alice Millequant
Ariane Mnouchkine
Serge Nicolai
Seietsu Onochi
Pauline Poignand
Matthieu Rauchvarger
Francis Ressort
Andreas Simma
E AS CRIANÇAS:
Inaki Falgas
Paco Falgas
Amalia Guis

Nina Gregorio
Lucien Jaburek
Alba Gala Kraghede Bellugi
Galatea Kraghede Bellugi
Alice Le Coent
Orane Mounier
DIREÇÃO:
Ariane Mnouchkine

ISSO TE INTERESSA?
ELENCO:
Giovana Soar
Nadja Naira
Ranieri Gonzalez
Rodrigo Ferrarini
(Cássia Damasceno
e Rodrigo Bolzan
em alternância)
DIREÇÃO:
Marcio Abreu

MANIFIESTO DE NIÑOS
ELENCO:
Maricel Alvarez
Blas Arrese Igor
Emilio García Wehbi
DIREÇÃO:
Emilio García Wehbi
Daniel Veronese
Ana Alvarado

JOGOS DE CARTAS: COPAS
ELENCO:
Bem Grant
Catherine Hughes
John Cobb
Louis Fortier
Nuria Garcia
Olivier Normand
Reda Guerinik
DIREÇÃO:
Robert Lepage

JOGOS DE CARTAS: ESPADAS
ELENCO:
Martin Haberstroh
Nuria Garcia
Roberto Mori
Sophie Martin
Sylvio Arriola
Tony Guilfoyle
DIREÇÃO:
Robert Lepage

SOBRE O CONCEITO DA FACE DO FILHO DE DEUS
ELENCO:
Gianni Plazzi
Sergio Scarlatella
PARTICIPAÇÃO:
Dario Boldrini
Vito Matera
Silvano Voltolina
DIREÇÃO:
Romeo Castellucci

A VELHA
ELENCO:
Mickhail Barishnikov
Willem Dafoe
DIREÇÃO:
Robert Wilson

ARQUIVO
ELENCO:
Arkadi Zaides
DIREÇÃO:
Arkadi Zaides

GRANDE SERTÃO: VEREDAS
ELENCO:
Balbino de Paula
Caio Blat
Clara Lessa
Daniel Passi
Elias de Castro
Lucas Oranmian
Luíza Lemmertz
Leonardo Miggiorin
Leon Góes
Luísa Arraes.
DIREÇÃO:
Bia Lessa

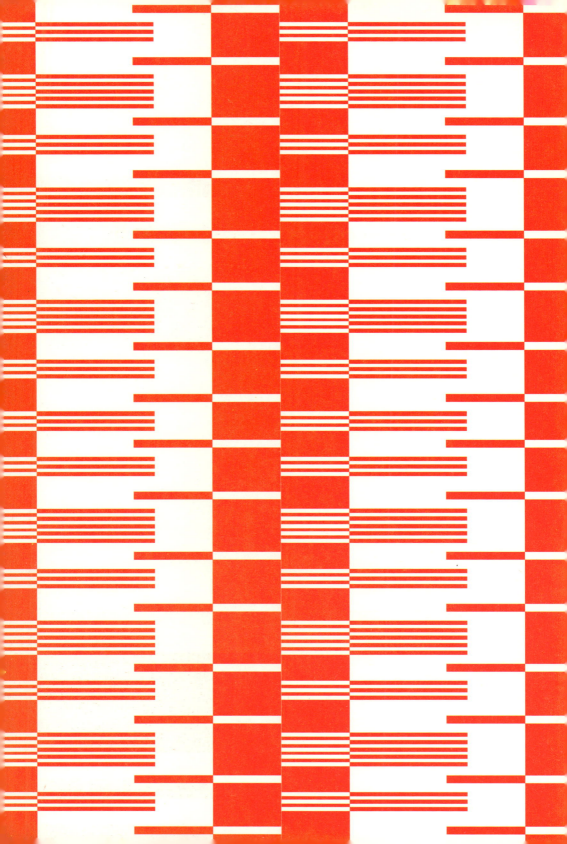

Braakland: terra esquecida

Mostra Sesc de Artes,
Sesc Santo Amaro,
2008

Os efêmeros

Sesc Belenzinho,
2008

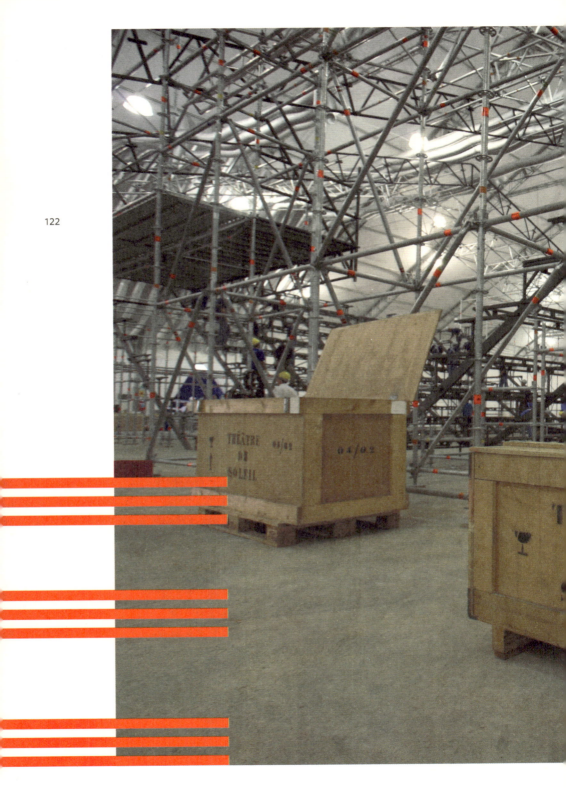

Isso te interessa?

Mirada,
Santos-SP,
2012

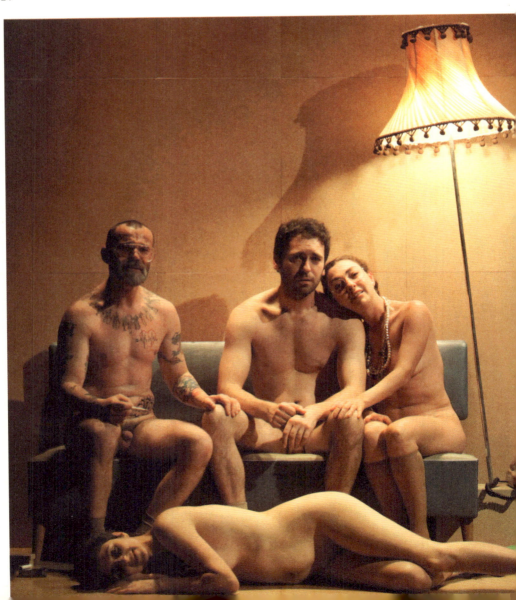

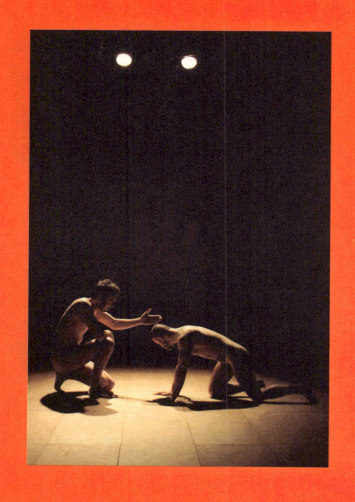

Manifiesto de Niños

Mostra Sesc de Artes, 2007

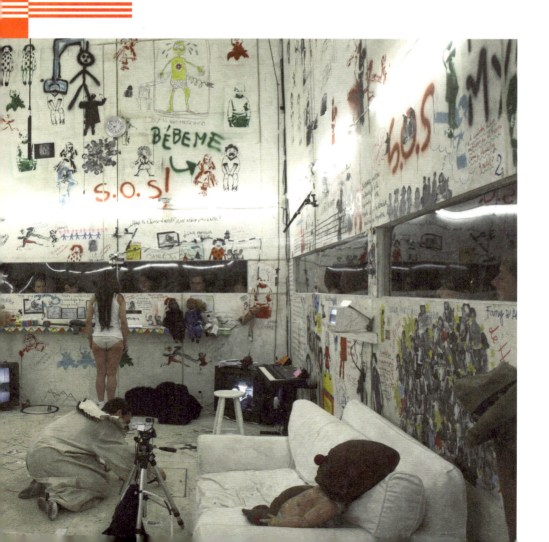

Arquivo

Mostra Internacional de Teatro
de São Paulo,
2015

Jogo de cartas

Sesc Santo Amaro,
2014

Sobre o conceito de rosto no Filho de Deus

Mostra Internacional de Teatro de São Paulo, 2014

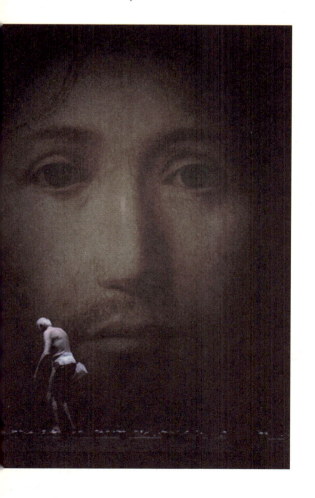

A velha

Sesc Pinheiros, 2014

Grande sertão: veredas

Sesc Consolação, 2017